嘉靖六合县志

（明）董邦政 修
（明）黄绍文 纂
刘荣喜 点校

南京市六合区档案馆
南京市六合区地方志编纂委员会办公室 整理

凤凰出版社

图书在版编目（CIP）数据

嘉靖六合县志 / (明) 董邦政修 ; (明) 黄绍文纂 ; 刘荣喜点校. -- 南京 : 凤凰出版社, 2023.1
ISBN 978-7-5506-3872-3

Ⅰ. ①嘉… Ⅱ. ①董… ②黄… ③刘… Ⅲ. ①六合—地方志—明代 Ⅳ. ①K295.34

中国版本图书馆CIP数据核字(2022)第253240号

书　　名	嘉靖六合县志
修　　纂	(明)董邦政 修　(明)黄绍文 纂
点　　校	刘荣喜
责任编辑	王淳航
装帧设计	徐　慧
出版发行	凤凰出版社(原江苏古籍出版社) 发行部电话025-83223462
出版社地址	江苏省南京市中央路165号,邮编:210009
照　　排	南京凯建文化发展有限公司
印　　刷	南京新洲印刷有限公司 江苏省南京市六合区雨花路2号,邮编:211500
开　　本	718毫米×1005毫米　1/16
印　　张	13.25
字　　数	184千字
版　　次	2023年1月第1版
印　　次	2023年1月第1次印刷
标准书号	ISBN 978-7-5506-3872-3
定　　价	98.00元

《六合旧志丛书》编纂委员会

主　任

张　纲

副主任

鲁志全

点　校

刘荣喜

编　委

张　蓉　黄亚东　叶　春　周　兵

石婼姗　张　洁　张朝阳　周　璇

审　订

柳云飞　徐智明　李琳琳

总 序

六合，古名棠邑，周灵王十三年（前 559）即见诸史籍，秦始皇二十六年（前 221）置棠邑县，隋开皇年间因境内有形胜奇特、“六峰对峙环合”，而始改名为六合。六合之名，自此使用至今，从未间断。境内北部丘陵，横贯东西，南部长江、滁河，沟通南北，素有“冀鲁之通道，江北之巨镇，军事之要地，京畿之屏障”之称，更有古都南京“江北门户”的美誉。这里古有早于欧洲 1800 多年的生铁冶炼技术，堪称世界音乐史奇迹的东周编钟；今有流传世界的名曲《茉莉花》，旋律优美，都是六合留给世界的极为重要的珍贵文化遗产。

征文考献，正本清源。六合信史，非古代县志莫属。自宋代六合县令刘昌诗编纂《六峰志》（又称《嘉定六合县志》）以来，嗣后历代修撰，延绵相续。六合目前存世旧志有 8 部，是南京市存世县志最多、保存最完整的。它们各有特色，明代的《嘉靖六合县志》乃现存最早，引述旧志，弥足珍贵；《万历六合县志》两次纂修，未经清初文字删削，虽漫漶而基本完整；清朝的《顺治六合县志》乃名家撰述，收罗广泛，资料翔实；《康熙六合县志》《雍正六合县志》不断增补，存史存文；《乾隆六合县志》考辨严谨，去芜存菁，精简而凝练；《光绪六合县志》详述兵事，义烈之风，跃然行间；民国初年修撰的《六合县续志稿》备勤搜采，多所创新。这八部志书对我们研究六合及南京地区乃至长江中下游地区的风俗历史、政治经济、地理物产和史志编撰等都大有裨益，是前人留给我们的宝贵精神和物质财富，也是增强六合文化自信的坚实底气，更是南京“世界文学之都”重要组成部分。

“治天下者，以史为鉴；治郡国者，以志为鉴。”根据 2022 年 4 月中共中央办公厅、国务院办公厅印发《关于推进新时代古籍工作的意见》的要求，六合区委、区政府高度重视六合历代县志整理工作，以在新征程上奋力推进现代化六合新实践的要求，将出版《六合旧志丛书》作为一项重要的文化工程加以推进。在南京市地方志编纂委员会办公室的精心指导下，六合区档案馆全面启动六合历代县志点校工作，成立编纂委员会及专家评审委员会，人员及工作条件迅速到位，工程肇始，硕果可期。

史志开启文化篇章，文化铸就城市灵魂。此次整理工作是将六合8部存世旧志点校版本汇编成《六合旧志丛书》，在封面设计上选用六合古八景，更为直观地展示六合深层历史内涵和文化魅力。这套丛书的出版，是全区地方志工作的一大盛举，也是全区精神文明建设的又一硕果，不仅展示了六合史地文脉，更昭示着全区人民将在深厚人文基础上创造出无愧于历史、无愧于时代的新业绩。相信通过这套丛书的出版，必定能够扩大六合古文献的流传范围，为爱好文史、关心六合的学者提供研究六合的第一手资料，让六合人民通过阅读本丛书而更加热爱家乡、增强家乡荣誉感，让五湖四海喜欢六合、愿意来六合的人，通过这套丛书更加了解六合，投身建设以人民为中心的大美六合。

谨以这套丛书献给关注六合过去、现在、未来的读者朋友。

《六合旧志丛书》编纂委员会

前　言

刘荣喜

（一）

六合古称棠邑，自周灵王十三年（前559）即见诸史籍。位于长江之滨，据大江天险，历代为兵家必争之地。特别是明代建都南京，六合的位置更加重要，正如《嘉靖六合县志》（下称“本书”）卷一《地理志》所说：“畿辅之邑，冲要之区，北枕屏、冶，南挹钟、定，大江环其左，滁水经其右，据山水之间，号佳丽地，而都城负扆之雄，允赖此以拱卫。”素有京畿之屏障、冀鲁之通道、军事之要地、江北之巨镇之称。

六合自从南宋嘉定年间知县刘昌诗编纂《六峰志》（即《嘉定六合县志》）以来，历史上有迹可查的官方编修县志共12部。现存有8部，是南京所有辖区中存世最多最全的。其中，流传下来最早最完整的就是《嘉靖六合县志》。该志《凡例》中说：“宋嘉定间县令刘昌诗所修，志板已剷灭，其本无传，近于藏书之家觅得写本，据其所载有可采者增入。”可见《六峰志》明嘉靖时尚存有版片，但无法复印和阅读，而钞本也已经很难见到。

本书成书于明嘉靖三十二年（1553），此时正是明代中后期。嘉靖帝即位之初，曾革除先朝蠹政，打击旧朝臣和皇族、勋戚势力，总揽内外大政，同时重视内阁作用，注意裁抑宦官权力，励精图治，朝政为之一新，社会经济蒸蒸日上。但到了中后期，嘉靖帝迷信方士，尊尚道教，日求长生，二十多年不理朝政、不见朝臣，遂使严嵩等佞臣得以专权，而且滥用民力大肆营建，朝政日渐腐朽。吏治败坏，边事废弛。当时东南沿海倭寇横行，烧杀抢掠，无恶不作，严重扰乱了人民的生活，甚至动摇了本已飘摇的大明江山的根基。

（二）

本书主修者是时任六合县知县董邦政（1500—1579），他是山东阳信（今山东省滨州市阳信县）人，字克平，号北山，别号剑谷山人。《民国阳信县志》卷五《人物志·宦迹》称董邦政“赋性慷慨，学兼文武”。通过本书中有关记载，我们看到，无论是在修学校、抚孤老、勘灾荒、兴水利等内政上，还是在练兵民、除倭盗、严江防等战事方面，董邦政都表现出“文事武备素兼”的才能。

嘉靖二十八年（1549）十二月十一日，董邦政由选贡监生被任命为六合县令。《明实录·世宗实录》中也曾提到董邦政，说他少年时读书非常勤奋，后被拔为贡生。当时的户部郎中魏学曾作《送监司董大人归序》，评价明朝以来，能以一介“贡士为邑令而超陟佥宪（佥都御史的简称，正四品）者，自公始。”这是明朝独一无二的事情，对其赞赏有加。

“时江寇充斥，公（指董邦政）造舟选士，俘馘无遗，复值倭乱，当事者交荐其才，超擢苏松（今江苏苏州、上海一带）海防道。”[①]作为应天府六合县的知县，明孝陵北大门的守护者，董邦政知道自己的责任重大，他“奋不顾身，提兵力战，保全境土，捍卫生民”。[②] 嘉靖三十一年（1552），长江上群盗蜂起，气焰十分嚣张。对六合境内的匪寇，董邦政采取了抚剿并重的策略，对生活所迫不得已而为之的小农，采取招抚政策，对那些恶贯满盈的惯匪则坚决予以打击。

董邦政任职六合期间，除了组织民众打击长江匪寇外，还做了很多改善民生的事情。随着社会和经济的发展，集市商肆不断涌现，但集市办在什么地方，商肆店铺该怎样开设，这都得由州县衙门来解决。特别是交易的公平，更是需要官府来管理和引导。根据本书记载，鉴于“各市贸易之

① 《民国阳信县志》卷五《人物志·宦迹·董邦政传》。

② 《长春园附集》下册《吏部等衙门题》。

所，其斛斗秤尺大小不一，民缘为奸”，董邦政于嘉靖三十年(1551)，在集市上设立“公平秤”，告谕所有参与贸易的人，以后一切交易以此为准。这样不仅减少了贸易纠纷，稳定了市场秩序，而且促进了地方经济的发展、政府统治的巩固。董邦政三年任期，成绩显著，皇帝超规格提拔他任新成立的抗倭机构苏松海防佥事，任命书中说，董邦政“性刚行洁，倜傥有为，而尤长于边务，盖名实素彰，而非侥幸于一旦者也”。[①] 根据当时海防需要，政府不拘常格，破例予以任用，并“添注浙江按察司”，专管江浙地区的“剿寇”之事，驻守上海。

董邦政在理政之余，还勤于著述，将自己的从政理念整理出来，在驻防上海抗倭时，写成了《长春园集》，书中保留了大量与应天府一带江防、苏松上海地区的御倭战事、官员设置等方面有关资料。在六合任知县期间，他创作了《六峰政纪》一册，记述其在六合的管理方略。同时在他的主持下，修撰了这部现存最早的《嘉靖六合县志》，保存了古代六合地区历史资料、风土人情，弥足珍贵。

真正具体负责这部县志编撰的是六合乡贤黄绍文和当时县学的庠生(即秀才)孙忱、谢锐、孙可久、徐楠等人。董邦政在《六合县新志后序》中明确说：“癸丑春，乡博黄君绍文，庠士孙忱、谢锐、孙可久、徐楠，躬相雠校，立例定则，远稽近述，越三月而志成。”可见董氏是挂名主编，真正执笔的是黄绍文等人。据《万历六合县志》记载，黄绍文，字道甫，孝陵卫人，是六合进士、“孤忠抗逆”而死于平乱的烈士黄宏之子。嘉靖十五年(1536)选贡，授江西南安府学训导，升福建晋江县教谕。他“学有本领，得于家传，修身践言，表里如一，博物洽闻，足备顾问，为文直追古作，黜浮靡，可以为式”。除了负责编写本志以外，还曾主编《嘉靖广德州志》《忠征录》等，可见是一位治学严谨、学问博雅的硕儒。

这里值得一提的是参与本志编撰的孙可久。他娴于诗赋，善于书法，精于古学，曾授浙江寿昌县学训导。他是明代六合大学者、著名历史学家

---

① 《长春园附集》下册《吏部等衙门题》。

孙国敉的祖父。在他的影响下，他的孙子孙国敉，重孙孙宗岱、孙汧如等均非常关心乡邦文献，曾参与了《顺治六合县志》和《康熙六合县志》的编撰，其祖孙三代对六合旧志的编写作出了卓越贡献。

（三）

《嘉靖六合县志》全书 8 卷，分为天文志、地理志、人事志、宫室志、秩官志、人物志、艺文志 7 类，下分《星野》《沿革》《疆域》《形胜》《山川》《城池》《坊市》《乡都》《田土》《水利》《桥梁》《关津》《古迹》《户口》《民业》《风俗》《土产》《贡赋》《徭役》《防卫》《孳牧》《惠政》《古事》《灾祥》《公署》《庙学》《祠祀》《寺观》《官制》《职名》《岁贡》《乡贡》《进士》《杂途》《忠贤》《隐逸》《文人》《武功》《旌表》《仙释》《制命》《文类》《诗类》共 43 目。书首有图 5 幅，为《县境图》《县坊图》《县治图》《儒学图》《境内江图》，制图精良清晰，线条流畅，为我们勾勒出了六合县境和重要机构的概貌。本书《凡例》中说："旧志止于成化十二年，至今又八十年，其事皆续之。"可见编者是在明《成化六合县志》的基础上增补其后 80 年间的资料编撰而成。

本书记言叙事，颇为简雅，保存了六合县明代嘉靖之前大量文献资料，特别是详细记述了明代建国以后本地的政治、经济、军事、文化发展情况，为我们了解六合作为明代南京及其周边的建置、税赋、保卫等提供了第一手资料。如本书卷一《地理志·山川》中关于龙池的记载，书中写道："龙池，在县南五里余，其水至清，深寻丈处犹察见细物，宜浣漂。有两岛似人伸臂，岛下渊邃莫测。旧传悬丝簑石投之，不能及底。有人泛舟池内，风涛骤起，以为有神龙居之，故以名池。池出鱼肥美，顷年听民承佃，采捕无时。近知县董邦政因前任知县邵漳令，里甲渔为养马费，乃即其意，定为法制，约岁春仲一举，非时及盗者罚，寓爱养于撙节。壬子二月自为文临祷，一网举百数十尾，尾重三四钧，小者亦不下二钧，士民异之。又八景其一，龙池举网，有诗，见《诗类》。"区区 200 字，为我们描述了龙池湖的地理位置、湖水情况、湖名来历、湖中物产、湖区管理、咏湖诗文等，内容丰富，资料翔实。特别记载了嘉靖壬子年（嘉靖三十一年，1552 年）二月一次在龙池捕鱼的奇迹，曾出现一网捕到90—120斤（三四钧）的大鱼百十条，可见当时龙池在严格管理之下，渔产丰富异常。

又如卷二《人事志·防卫》记载："城市及各乡村排门以十家为一甲，甲有长，十甲为一保，保有长，互相觉察，各备器械。遇有警，则甲长鸣锣以聚各户，保长放铳以聚，各甲协力剿捕，获贼者有赏，不至者有罪。"由此可见，我们现在的社区联防制度，在400多年前的明代六合就有非常详细缜密的布置和实施，为当时打击地方盗寇、长江海盗等起到了很大作用。甚至到了清中后期，太平军攻打南京时，民间流传"纸糊的金陵（一作扬州），铁打的六合"，这种优秀的保甲联防制度在六合有着较深厚的历史渊源。

《嘉靖六合县志》"三月而成"，编写时间之短，速度之快，乃历代六合修志之最。由于嘉靖之前的县志散失，我们无法比较《嘉靖志》在前志的基础上增加了多少东西，有多少创新。而根据《凡例》可知，《嘉靖六合县志》是承接《成化六合县志》，增补其后80年的资料而成，故《凡例》说："兹特据《成化志》及考《十七史》并先哲文籍中有相关者采辑之。"

这里有一个让人疑惑的事情，就是《嘉靖六合县志》中只字未提《成化六合县志》与《嘉靖六合县志》之间的《正德六合县志》，甚至《正德六合县志》的序或跋文一篇也没有见于《嘉靖六合县志》中。《万历六合县志》明确记载，《正德六合县志》修于正德十六年（1521），由"本县知县林幹聘训导帅子卓、庠生郑泰、徐禄修"，说明《正德六合县志》肯定是修撰过的，那么为什么距离其编撰时间较近的《嘉靖六合县志》却没有提及呢？仔细考证一下，我们发现，正德十六年，正是明正德皇帝武宗朱厚照去世的年份，也许人们在举国悲哀中，无暇顾及修志之事，导致《正德六合县志》半途而废，修而未成，或成而未版，导致后世无传？值得我们细细探究。

《嘉靖六合县志》以前的县志，包括《成化六合县志》均已散失，我们只能从前志的序跋中了解一点其编撰的体例，现存最早的是本书收录的《成化六合县志》中的庄昶序和郑瑛后序。郑瑛在《后序》中说："取而观之，则予一邑之山川、疆域、物产、宫室，皆宛然在目，庶少寄卧游之意。而凡风俗之孅，治化之隆，典章文物之盛，人物宦迹之实，后之人或有考焉，亦可无文献不足征之叹。”可见《成化六合县志》中已经有山川、疆域、物产、宫室、风俗、人物、宦迹、诗文等类目，而《嘉靖六合县志》对此又进行了补充和增加，本志《凡例》指出：“旧志分类未备，如民业、徭役、防卫、古迹、古事、灾祥、官制、职官、杂途之类，今皆增入，其有分类者，事亦阙略，今有考者，亦增之。”使得本书体例更加合理，内容更加丰富。

对许多历史记载的疑问，编者通过按语的形式进行了考证和说明，体现了作者求实求真的治学态度。如卷一《地理志》“山川”记载：“牛头山。……《成化志》载：《嘉定志》云‘俗传山有铁牛母子在上，昔日其子冲开河道，九湾九曲，是为滁河。按：此似涉不经，姑传疑焉。”“蜀冈。……旧传地脉通蜀土，上有蜀井，或云产茶味如蒙顶，故名，见《维扬志》。按：县去蜀数千里，山川隔越，何缘通脉于此，后说近是。”按语中对“铁牛”“地脉”的民间传说采取了怀疑的态度，可见编者的唯物史观，保留这段文字体现作者对民间传说的尊重和非物质文化的保护意识，实在难能可贵。又如卷一《地理志》“关津”条后说：“按：《成化志》所载渡口多出于宋《嘉定志》，世代辽远，古今异名，漫无可考。所谓新渡口疑即今姜家渡，华家渡疑即今独山渡，宣化渡疑即今浦口宣化江，皆因地与里而知之也。余阙以俟。”对过去的记载一方面照录存史之外，一方面对一些地标的定位提出了自己的看法，有利于后人的田野考察。

编者对当时的施政多有议论和评说。如卷二《人事志・徭役》文后按语说：“夫役旧皆出于里甲，嘉靖八年知县何宏因本县地当冲要，乡民疲于奔命，而城市多商贾，乃即市廛，量其室庐，编充夫役，以苏里甲，此亦便民。但顷者北河淤塞，士大夫往来者悉由六合，迎送之繁倍于往昔，况居民迁徙不常，逐末者无厚利，民日益困。议者以为江浦虽要冲，不若六合四通八达之道，本县乃协济夫银五十两，江淮驿馆夫三名，除革以助夫役，实今日通变宜民之急务也。”对当时夫役的编充、上级官员接送招待费的摊派等问题提出了意见和建议。卷二《人事志・防卫・保甲》条中说：“此法嘉靖三十一年知县董邦政奉上司明文建立，着实行之，果获奸盗，于地方有益。”编者对当时的保甲防卫制度等提出了自己的看法，希望通过这些议论能引起后世当政者的重视或推广，同时也为我们提供了了解当时政治、经济制度利弊状况的一手资料。

(四)

《嘉靖六合县志》是现存最早的六合地方志，这对我们研究六合地方，以及南京地区，甚至长江中下游地区的人文历史、政治经济、地理物产、史志编撰等有非常重要的作用。

本志保存了明代嘉靖年间打击长江盗贼的重要资料。六合县属于“留都三辅”之一，居南北水陆要冲，军民错杂，士商同处，自嘉靖中期以来，由于江寇屡次侵扰，加上当局治理失策，竟成为“最号难治”之地。本志中收录了董邦政的《江防议》二十条，提出了他整饬长江防务的具体措施，其中很多建议或切中时弊，或成效显著。如“革月卯”，当时统领南京守卫驻扎瓜埠的巡检司的巡检官，每个月二十九日司吏都要离司去南京应“月卯”，其具体行程为：“三十日应巡视衙门卯，初一日应内外府厂卯、应天府换循环卯，初二日应操江都察院卯、临淮侯卯，初三日南京闲住，初四日应户部大堂及云南司卯、此日户部不坐，初五日始得应卯而归，至三十日又离司赴京如前，至十九日始回。”（董邦政《江防议》）如此循环，20 天在外巡视应卯，10 天在巡检司中办公。每月至少有一半的时间用于应付巡视各级各类衙门的差使，这就势必造成在这段时间内无人带兵的现象。明代后期，由于社会动乱、倭寇来犯，江防任务日益繁重，县令董邦政发现，巡检司的官员和司吏“一月之间，不急之务，先占半月，官既不在，何人率兵防御”？大部分时间忙于应卯，倘若发生战事，后果不堪设想。弊端明显，于是提出裁汰应卯制度。又如“清洲户”，将散居于六合境内长江下游各沙洲上的居民集中起来，按宗族、年龄、性别编造一册，交县衙备案，再从中选出“洲长”一名，遇有寇警，责令洲长“率众救援”，平时在月初到县衙“应卯”，这样大大遏止了沙寇流窜作案的势头[①]。另外在卷二《人事志·防卫》中详细记述了六合为了加强江防所进行的人员配置、设备添置和防守策略等方面的措施等。

本志收录了古今大家吟咏六合的大量诗文，为我们今天六合的文化旅游开发提供了丰富的历史资料。如唐代郑滂的六合怀古诗，原有 50 首，其文学价值可能不是很高，但是对于保存地方史迹却是难得的资料，宋代《嘉定六合县志》收录最多，后代如明《成化六合县志》"所载仅数首耳"，《嘉靖六合县志》根据前代县志的记载尽量收录，共有 20 首，为郑滂怀古诗的保存起到至关重要的作用。今人《全唐诗补编》亦据《嘉靖志》予以编入，其功至伟。梁塘铺是六合与江浦之间的一个重要的驿站，位置相当于今天南京江北新区南化集团公司北厂门一带，历代记述很少，但是在明嘉靖时期却是一个非常重要的交通关隘，董邦政对它进行了扩建整修，成为六合重要的景观，时人留下了很多诗文，如朱舜民《六合县新修梁塘铺记》，何桂的《过梁塘铺》和王溱的《过梁塘铺吊黄少参》等。特别是《六峰八景》组诗，本志中收诗共四组，分别是六合县儒学教谕钱塘人许安、儒学教谕天台人张畴、六合知县海岱人董邦政和六合县庠生孙忱所作，他们从不同的角度对六合"龙津待渡、瓜步观潮、灵岩积雪、定山出云、冶浦归帆、龙池举网、草塘春色、长芦晚钟"八景进行了吟诵，为人们探寻它们所包含的历史遗迹、地理风貌、风土人情等内涵，提供了宝贵的线索。如龙津桥边滁河奔涌，楼台笛音，绿杨红叶，再现了当时的风景；瓜步山边长江潮涌，张果传说，风帆曙色，给人无限的遐思；灵岩山上积雪凝华，半山梵音，烟云游僧，别有一番情趣；定山更有六峰环合，红日出云，苍龙舒卷，实乃天造神化美景；冶浦河边廊桥连绵，归帆樯影，欸乃渔歌，确是触动诗情的一幕；龙池湖上鱼游水面，龙潜水底，渔歌举网，现实与传说交织，更使人诗意飞动；长芦寺的达摩传说，一苇渡江，禅宫梵音，将游人带进千年古刹；六合西门的草塘，曾是一望无际的绿荫，也是时人踏青寻幽的去处，虽然现在那儿已经是高楼林立，但

① 承载，《长春园集》抄本和明代上海地区御倭事迹考略[J]，史林 1996(3)：154—165.

人们不会忘记历史上那儿曾是怎样的世界。后来万历年间的六合知县从化人刘格、临海人李箴、吴平人张启宗，六合人杨郡和清代雍正时期的六合县令苏作睿均有同题作品。到了清康熙时期“八景”被扩充为“十景”，乾隆时更有增加形成“六合十二景”，可见嘉靖期间所确立的“六峰八景”对后世的影响。

本志为历代六合县志的整理校勘提供了重要的依据。历代县志的修纂具有一定的连续性，后出的县志一般都保留部分前志的内容，这为相互校勘整理提供了很好的帮助。《嘉靖六合县志》刊刻时间早，版本保存完好，为之后的明《万历六合县志》和清代的多部县志提供了重要的校勘依据。特别是《万历六合县志》由于版本状况较差，字迹漫漶，自初刊后近450年间一直没有进行系统的校勘整理，通过对两志互校，我们可以基本完成《万历六合县志》的校勘，使《万历六合县志》能相对完整的展现在我们面前。

但是，《嘉靖六合县志》也存在一些不足之处，如书中大量记述了嘉靖年间，特别是董邦政从政的两三年来的资料，但是嘉靖之前的资料虽有保留，但相对比较单薄，甚至离嘉靖时间很近的弘治、正德年间的文献收录也极少，而书中对当时的县令董邦政的政绩却是不厌其烦的大写特写，书中提及“董邦政”的名字达80余次，大有阿谀之嫌。另外，书中也有一些取舍失当、误写误刻和校对不慎等有失严谨的地方，如唐代李白的《送赵明府赴长芦》诗，全诗六联12句，编者截取其中四、五两联，使得原诗诗意顿失。又如宋代梅尧臣的《早渡长芦江》诗，书中署名“失氏名”，沿袭旧志之缺，没有进一步考证，而其后20年编写的《万历六合县志》则补署了作者；再如明代庄昶的《六合县科第题名碑记》中多处文字与作者文集《定山集》有出入。但是瑕不掩瑜，这些小的差错并不影响《嘉靖六合县志》的价值。

（五）

《嘉靖六合县志》初刻于嘉靖三十二年（1553），距今已有460多年的历史，由于原刻年代久远，存世十分罕见。据载，目前台湾、天一阁藏有初刻本，国家图书馆、浙江图书馆有胶卷，日本东洋文库有晒印本①。目前大陆保存完整、字迹清晰的初刻本只有天一阁藏本。1990 年上海书店曾影印出版了《天一阁藏明代方志选刊续编》，其中第 7 册收录有本书。序跋均为手写影刻，每版 7 行，每行 12 字；正文每版 9 行，大字每行 18 字，小字每行双排，每排 17 字，共 591 页，首尾完整，全书 10 万字左右。2013 年，南京传媒出版集团南京出版社出版了大型南京文献丛书《金陵全书》，其中“甲编方志类县志”第 23 册也影印收录了本书，底本亦为范氏天一阁藏本，原大影印，图像清晰，书首有《提要》。

1966 年，六合县档案馆曾钢板刻写油印过一次，底本据说是根据国家图书馆保存的、由郭沫若从日本带回的胶卷，六合县档案馆中有此胶卷的照片版。这次刻印仿照原书版式，但是由于正值“文化大革命”前后，刻写、辨识、校对不精，鲁鱼亥豕，讹舛很多，资料价值大打折扣。但这是此书自初版后第一次整理再版，作为今人阅读，还是有一定参考价值。因油印数量极少，传播不广。

虽然影印本能够完整保存古籍原本的信息，对于保存、传播历史文献有很大贡献，但是影印本不太符合现代普通读者的阅读习惯，查阅起来非常困难。为了研究学习，方便使用，六合区档案馆启动了六合旧志的简体横排、标点校注整理工作，不久的将来，会有一套全新的清晰完整、校勘精良的六合古县志展现在大家面前，为今后建立一个我区方志数据库，做基础性的工作，这样，研究六合区人文历史的学者们检索、查阅起来就更加便捷了。

（六）

本次整理以天一阁藏明代嘉靖三十二年初刻本《嘉靖六合县志》为底本。参校了嘉靖之后的历代《六合县志》和本书艺文志所收作者的诗文集，

---

① 张英聘：《明代南直隶方志研究》[M]，北京：社会科学文献出版社，2005 年，第 384 页。

或收录作者诗文的总集和选集，使内容更加完善精详。

本书底本为繁体竖排，今改为简体横排，并对全文进行标点、分段，以便今人阅读。

本次整理难免有误读、误点之处，深祈方家指正。

整理凡例

一、《嘉靖六合县志》(以下简称“本志”),全书八卷,明董邦政主修、黄绍文等纂。初刊于嘉靖三十二年(1533)。本次点校,依据《天一阁藏明代方志选刊续编》(上海书店 1990 年影印)和《金陵全书》(南京出版社 2013 年影印)的浙江天一阁所藏本志初刊本为底本。

二、本志自明代刊印后,后世没有再次刊刻。天一阁所藏本保存完整,字迹较为清晰、较少漫漶,适当结合后出县志或相关府志等予以补正。1966 年六合县档案馆曾据嘉靖刻本油印,亦可参考。同时,对本志《艺文志》所收录诗文,酌情结合原刻本或今人较权威整理本予以参校,并予出注说明。

三、本志底本为繁体竖排,今改为简体横排,并按照 2011 年新版《标点符号用法》(GB/T15834—2011)对全文进行标点并适当分段。

四、底本文字与校本文字有不同者,以脚注的方式标注于页脚。

五、底本正文大字用宋体字,文中双行附注或夹注小字,全部改为小号的楷体单行排印,努力保持底本原貌。原文中异体字、俗字、古本字等,为更利于文化传承和普及,本书除少数人名、地名和个别易引起歧义的字外,均使用规范的简化字。部分没有对应简体字者,保留通行繁体正字。

六、底本中涉及古代帝王、天子、诏令、奏、国家、国朝、朝廷及上司职衔等字样,有抬头、空格、换行等现象,点校时径予删除,不出注。

七、底本明显误写误刻者,采用校本文字,或可能有误,没有校本可供支持者,出注标明;底本原文中遇有漏字,径予补上,并出注说明;遇有衍字,不作删除处理,但出注说明;通假字一般予以保留,不出注。

八、底本部分漶漫文字难辨,能以校本补齐者,以括号[ ]标明补齐,不出注说明。文字不清或难以辨认而无法补齐者，根据字数用“□”代替。

九、底本中的间隔符“〇”号不予保留，必要时给予分行处理。原书凡例中的“一”符号，表示分条列项，现行标点符号中无与之对应者，为了保存原貌，不予变动。

十、底本目录较为简略，未注页码，点校时略去原目录，另外编加标注页码的细目，特别是《艺文志》三卷诗文部分，详列篇目和作者。新编目录列于正文之前，以方便读者检索利用。

十一、为了方便阅读本志，整理者特将点校时主要参考的文献目录列于全书正文之后，并分为方志和别集两类，大致以文献时代为序进行排列。

目　录

卷之七

［卷首］

六合县新志叙

[illegible]，纪事之史谓之志，太史公更志为记，班孟坚复于《汉书》立“十志”[illegible]世志郡邑者，并皆效法孟坚，而其大原实起于《尔雅》义例，悉祖诸六[illegible]是故疆理宪诸《禹[illegible]，法制准乎《周官》，风俗寓五礼之修，褒贬窃春秋[illegible]旨，象大壮而奠宫[illegible]，咏风雅而缀歌诗，昭往迹，镜来叶，虽邦国郡邑小[illegible]之不侔，其究一而[illegible]矣。

故邑志之修[illegible]系令尹之淑慝。令匪其人，则总货为家，辜功为府，簿[illegible]法律有靦颜矣[illegible]况其他乎？有其人，苟匪其志，将玩焉忘务。有其人，[illegible]其志，苟匪[illegible]，抑又促焉未遑。若是者，鲜不尘刍浮梗乎记籍矣。志[illegible]，易乎哉？[illegible]人有志有时矣，而操觚执简从事事①者，或暧昧踽踖，其人[illegible]譸张幻[illegible]则断梗裂幅，其不贻畄于木，传嗤于观听者几希。志也，易[illegible]乎哉？

矧古[illegible]京辅冲衢，其关系视他邑尤重。前尹虽未尝乏贤，而志与时弗[illegible]值焉，[illegible]所以久淹而莫续也，有由矣。北山董侯绍衣世德，追尾哲先，[illegible]殖以腴[illegible]②，饫览而宣哲。逮入官，公廉明捷③，勇毅确贞，未期而宿蠹[illegible]清，三[illegible]政大义，民用阜康，海外群宄咸草薙而禽狝之，凛如也，声翕翕起[illegible]。暇辄集子衿，道先王④，婆娑乎文艺之林。曰人曰志曰时，可谓兼

① 从事事：《万历六合县志》同，《顺治六合县志》作“从事”，《雍正六合县志》无此三字。
② 衷：《万历六合县志》《顺治六合县志》等均作“衰”。
③ 捷：顺治以后诸《六合县志》均作“健”。
④ 王：顺治以后诸《六合县志》作“生”。

值之者，爰乃礼罗端士，相与操觚，执简以从事事[1]，且诏之曰："志也，史可以友，经可以师，毋或观场窃钟，旁午胸臆为尔。诸君子亦矢心惠迪，按图采风，揭统以存纲，析类以疏目，濯旧饰新，阐幽综实，越三月而成编。"君子曰："居者可以观俗，仕者可以观政，学者可以观教，六之志其足信足传矣乎！昔昌黎考图经于韶郡，紫阳首问志于建康，董侯之志是也。贤人乎，贤人乎！"

侯名邦政，别号北山，齐之阳信人。居六凡三稔，而荐稿旌檄积三十余种，上下遐迩，啧啧称良吏，其来树未可量云。

嘉靖癸丑(1553)岁仲春既望，赐进士第义乌宾湖王宗圣汝学甫撰。

① 事事：《万历六合县志》同，顺治以后诸《六合县志》均作"事"。

六合县志凡例

一、六合为邑旧矣。世远言湮，事多无考，兹特据《成化志》及考《十七史》并先哲文籍中有相关者采辑之。窃惧荒陋，多所遗误，尚俟君子。

一、旧志所载，间有文义不可晓者，恐有错误，然未敢擅易，皆仍其文而附所见于后，其遗误章章者则正之。

一、旧志止于成化十二年，至今又八十年，其事皆续之。

一、旧志分类未备，如民业、徭役、防卫、古迹、古事、灾祥、官制、职官、杂途之类，今皆增入，其有分类者，事亦阙略，今有考者，亦增之。疑县志自宋嘉定修，至国朝成化则年远矣。经历兵燹，难以考求，故略。

一、宋嘉定间县令刘昌诗所修志板已剷灭，其本无传，近于藏书之家觅得写本，据其所载有可采者增入。

一、分其类为纲，列其事为目，皆大书之，其事下释文则分注，以便观览。

六合县志凡例终

六合县志图目

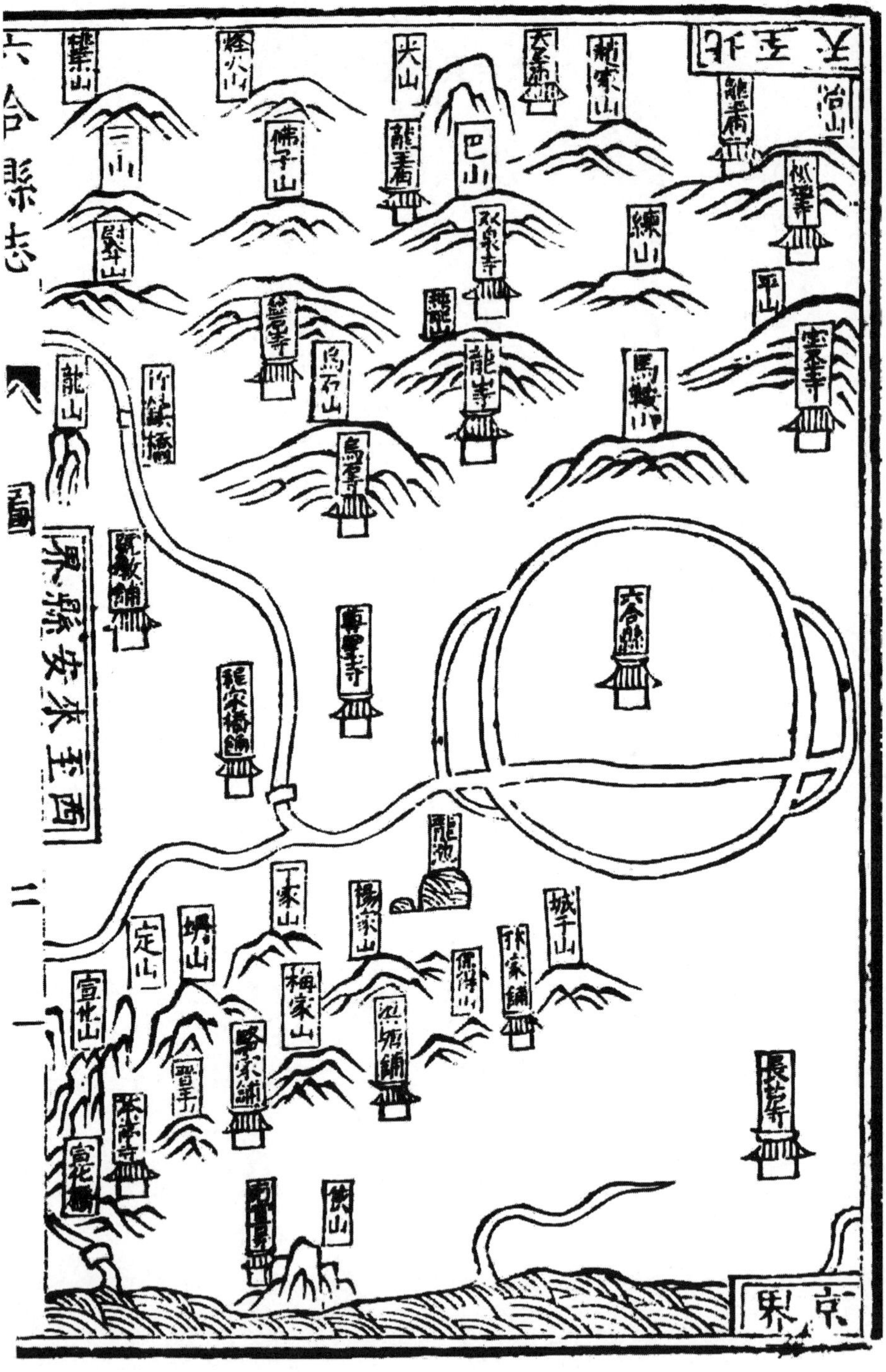

六合縣志
二
一
一山
佛子山
巴山
練山
平山
能山
烏石山
馬鞍山
六合縣
西至來安縣界
龍池
丁家山
定山
城子山
梅家山
長蘆寺
京界

县境图

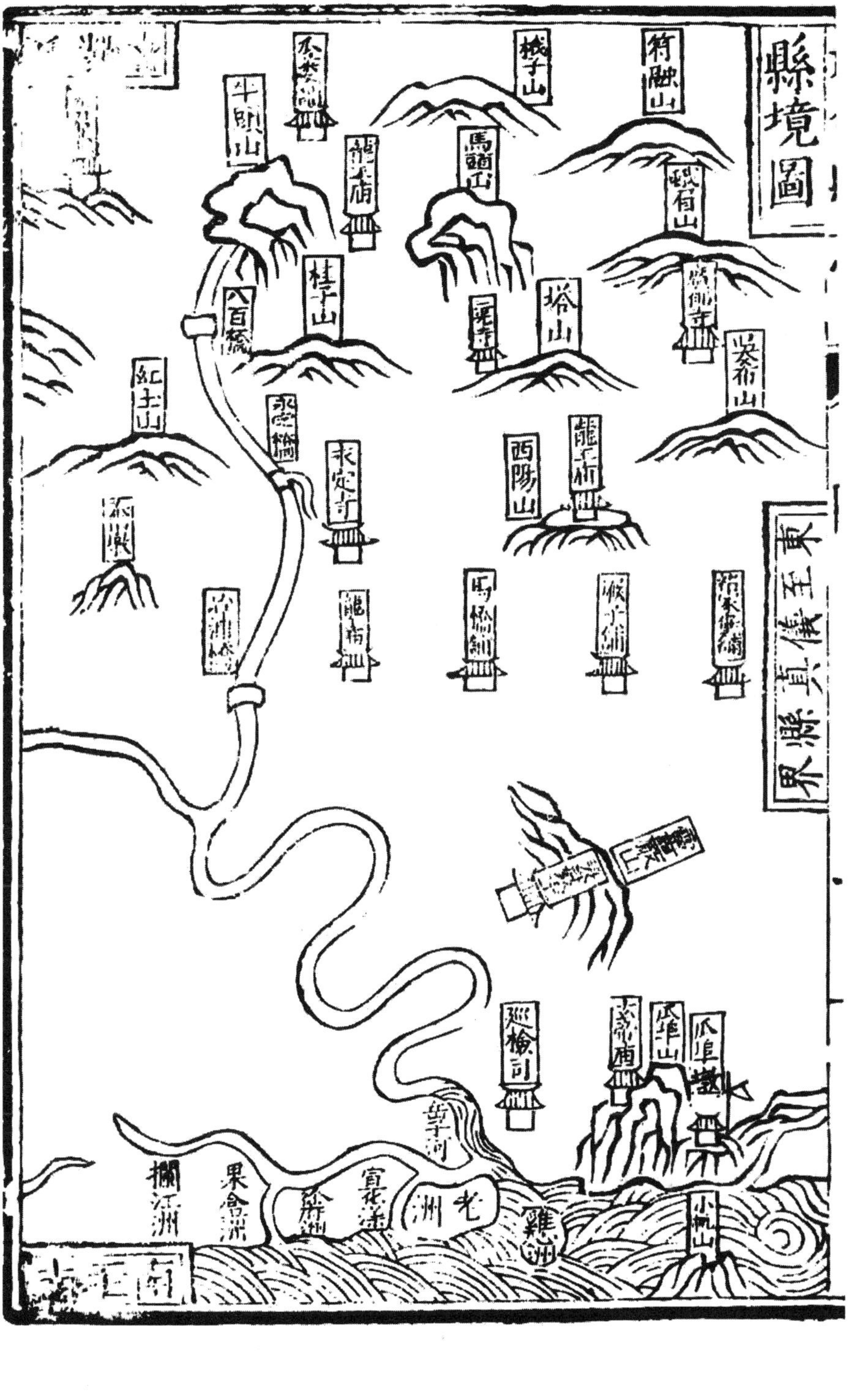
縣境圖
東至清江縣界
符融山
梳子山
牛頭山
馬蹄山
桂子山
塔山
紅土山
西陽山
永定寺
巡檢司
老洲
欄江洲

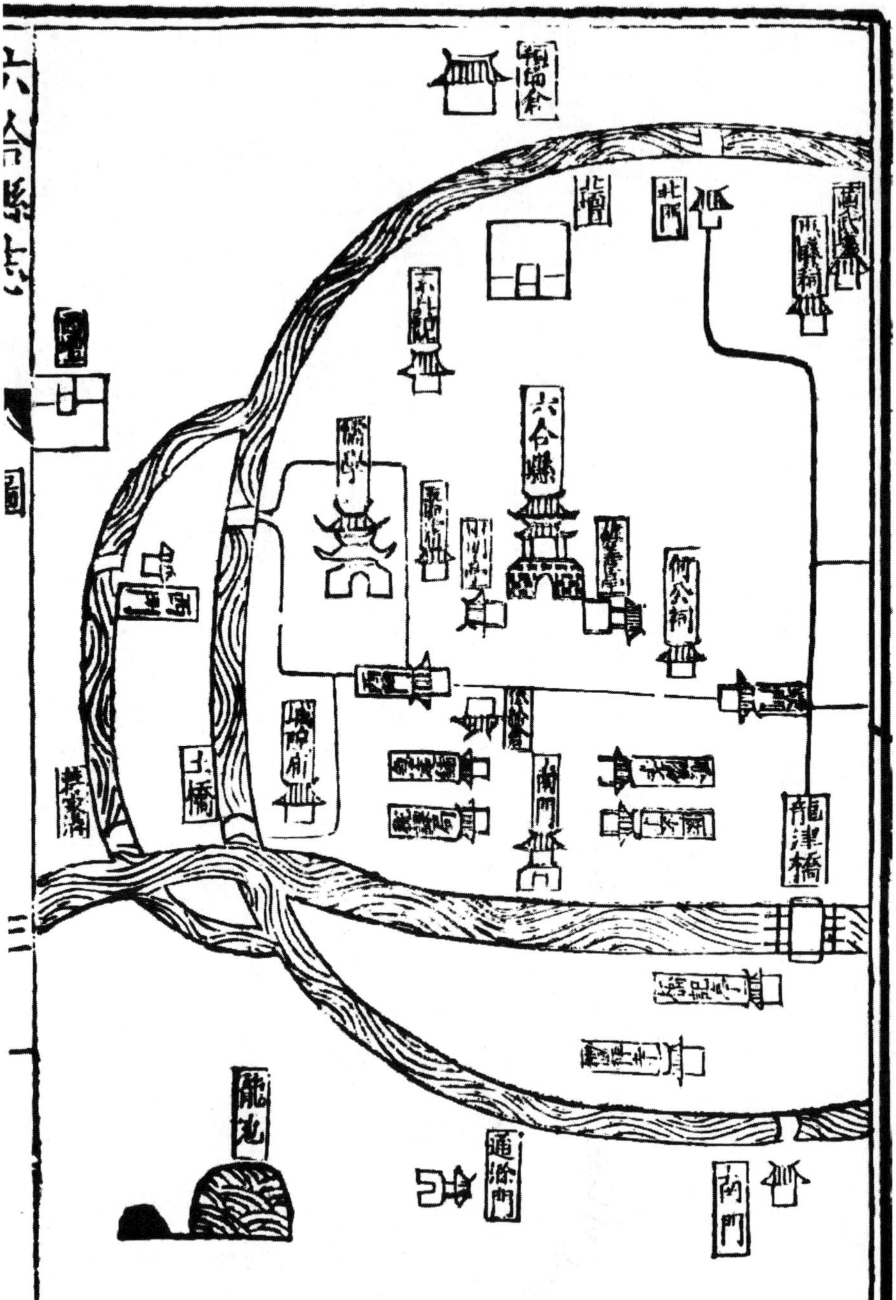

县坊图

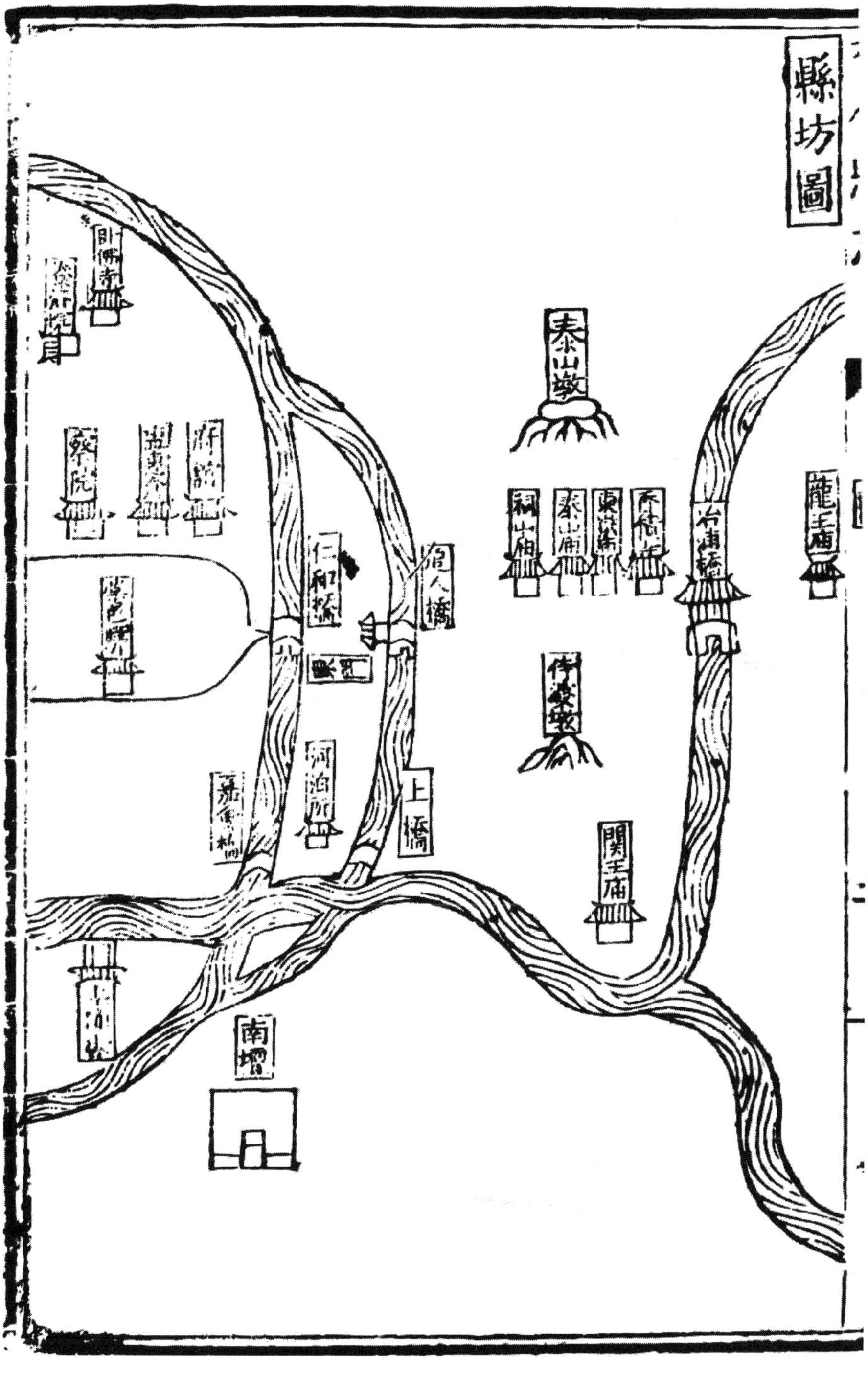
縣坊圖
泰山墩
泰山廟
龍王廟
上橋
河泊所
關王廟
南壇

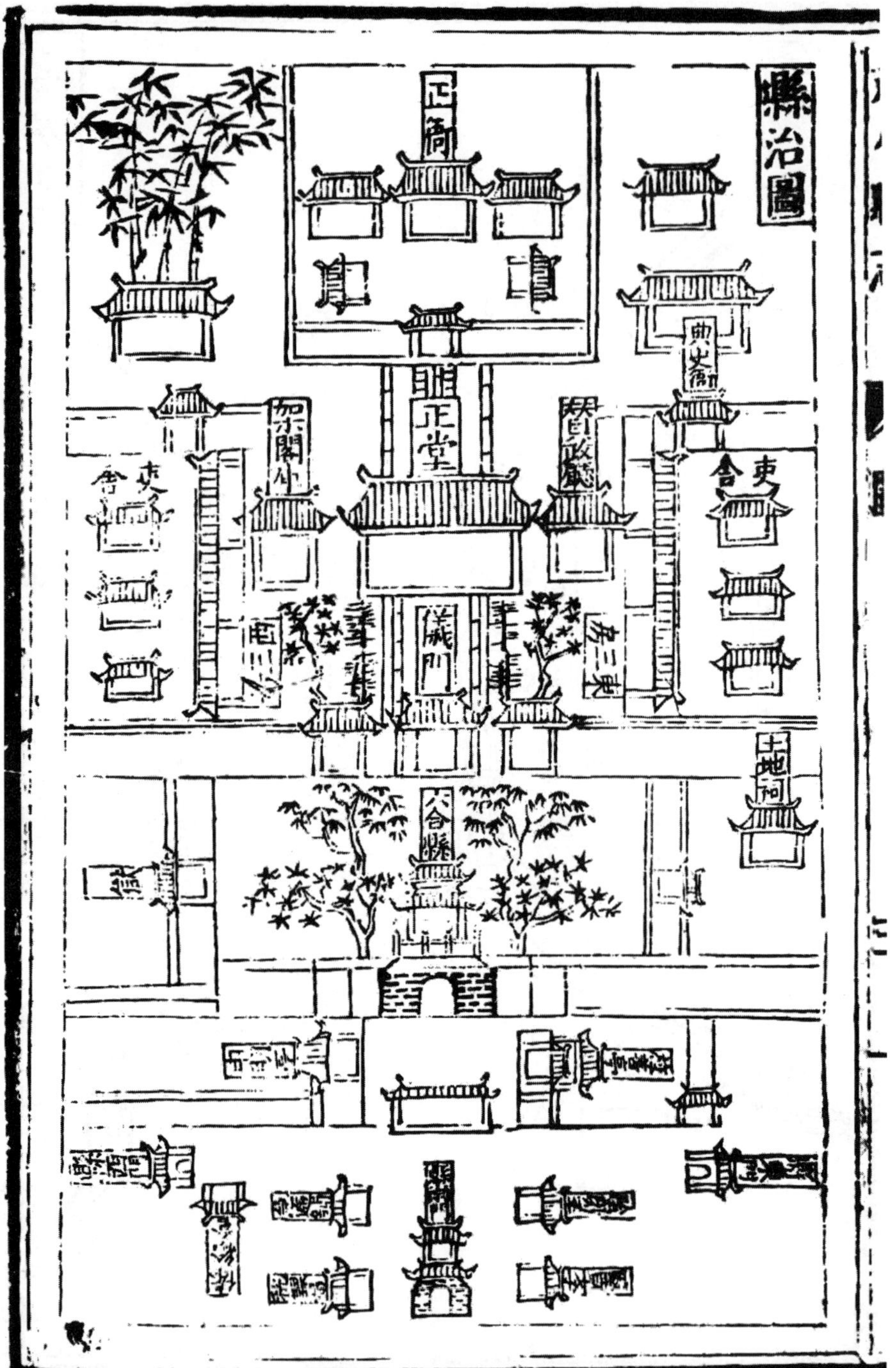

县治图

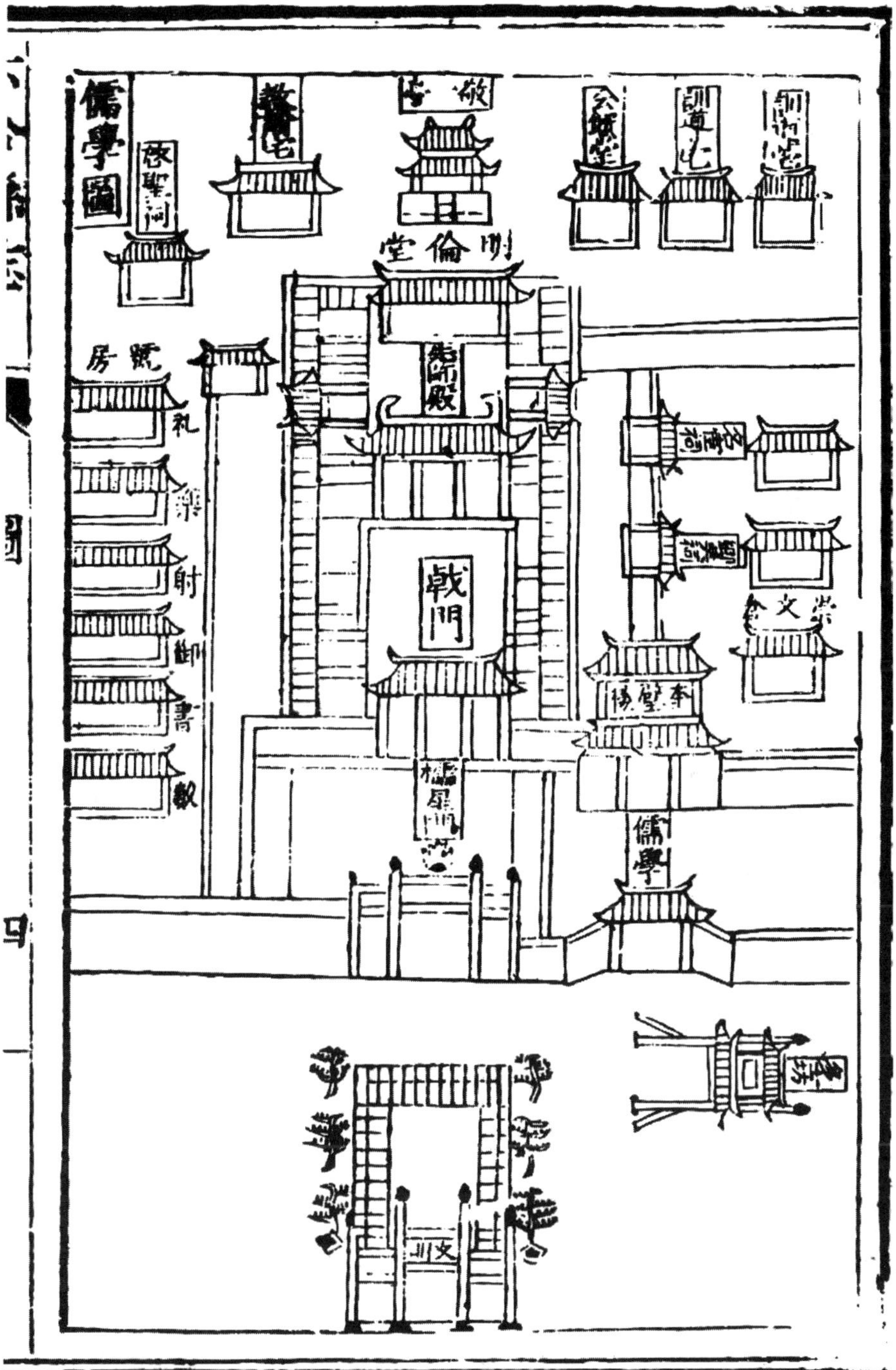

儒学图

县江图

六合县志卷之一

致仕教谕邑人　黄绍文　纂修

生员孙忱　谢锐　孙可久　徐楠　考索

天文志

星　野

《周礼·保章氏》:“以星土辨九州之地,所封封域,皆有分星,以观妖祥。”古志载,六合属星纪,或谓吴越南,而星纪北,牛女北也。而谓之扬州,则志若可疑。惟唐僧一行谓“悬象在天,其本在地,星与土以精气相属而不系方隅,其占测以山河为限,而不主中国”,真一定之论。然地有星野,而郎官则上应列宿,天人之际有感应之机。司玆土者,仰察天象,审灾祥,修德政,则吉星恒见矣。作星野志。

《周礼·保章氏》:“以星土辨九州之地。”郑康成注云:“星土,星所主土也。十二次之分。星纪,吴越也。”吴澄曰:“星纪,扬州之星土也。”

前汉《天文志》云:“牵牛婺女,扬州南斗之度。”

前汉《地理志》云:“吴地斗分野,今之会稽、九江、丹阳、豫章、庐江、广陵、六安、临淮、淮南,皆吴地。”

后汉《郡国志》注:“《帝王世纪》曰:黄帝受命,始作舟车,以济不通,乃推分星次,以定律度。自斗十一度至婺七度,一名须女,曰星纪之次,于辰在丑,谓之赤奋若,于律为黄钟,斗建在子,今吴越分野。”

晋《天文志》:“自南斗十一度至须女七度为星纪,吴越之分野。”

隋《地理志》云:“扬州于《禹贡》为淮海之地,在《天官》自斗十二度至须女七度为星纪,吴越得其分野。”

《唐志》[①]云："扬、楚、滁、和、庐、寿、舒，为星纪分。"又云："南斗在云汉下流，当淮海间，为吴分。"

《国朝清类分野书》[②]以六合为斗分。

地理志

沿 革

厥初生民，随地奠居。先王建国亲侯，而疆理有制，此建置之始也。六合滨扬子江西北，在《禹贡》、《周职方》扬州之域，春秋为楚棠邑，自秦汉以来，代有沿革，所隶虽殊，其因时启治一也。作沿革考。

三代扬州之域，未详国邑。

春秋楚棠邑。

秦属九江郡。

西汉属临淮郡。

东汉属广陵郡。

三国初属魏，后属吴。

晋武帝平吴属扬州，改棠邑为秦郡，安帝置秦令。

宋武帝分棠邑属南豫州。

齐建元初置秦郡于瓜埠。

梁秦郡。

北齐置秦州。

后周改秦郡为六合。

隋开皇初罢秦郡入方州，以六合属江都。

唐贞观初罢方州，以六合属扬州。

南唐雄州。

宋太祖升真州为建安军，以永正、六合隶之；真宗仍改为真州，独以六合隶之。

---

① 唐志：即《新唐书·天文志》。

② 《国朝清类分野书》：即明初刘基撰《清类天文分野之书》。

元仍宋旧。

国朝洪武初属扬州；二十二年改属应天府，编户一十七里半；天顺中改编一十九里。

疆　域

内中国，外夷狄，此天下之大疆域也。画天下为九州，中国之疆域也。至于建国亲侯，体国经野，有五十、七十、百里之制，则封域之界益严以明矣，是盖杜兼并、别司守之道也。六合疆域，前代皆有广狭，已不可考，今之制可无志乎？志疆域。

六合东接仪真，西连滁州，东西广八十里；南接江浦，北至天长，南北袤一百六十里。

东至仪真县界褚家堡铺二十里，自铺至仪真县四十里共七十里。

西至来安县号墩石界牌五十五里，自界牌至来安县三十五里共九十里。

南至江浦县界浦子口七十里，自口至江浦县二十里共九十里。

北至天长县界瓜蒌铺五十里，自铺至天长县四十里共九十里。

东南至本县瓜埠口二十五里，渡江抵句容县一百二十五里共一百六十里。

东北至江都县任俞坝二百一十里，自坝抵高邮州四十里共二百五十里。

西南至江浦县界真相铺八十里，自铺抵和州一百三十里共二百一十里。

西北至滁州界桥六十里，抵凤阳府二百三十里共二百九十里。

自县治至南京，陆路一百二十里，水路一百一十里；至京师，陆路二千三百二十里，水路三千三百四十五里。

形　胜

陟降而迁邠，胥宇而邑岐，望景观卜而城楚丘，形胜之说尚矣。是故建邑据胜，所以为生民久安长治计也。志形胜。

畿辅之邑，冲要之区，北枕屏冶，南挹钟定，大江环其左，滁水经其右，据山水之间，号佳丽地，而都城负扆之雄，允赖此以拱卫云。

山　川

粤自地辟，神化攸凝，山峙川流，自岳渎而下者，何限六合？虽俭于百里，莫不有山川焉。矧六峰拱合，邑以得名；长江天堑，允资设险。观《一统志》所载，见齿于天下者不一，其山川之胜，概可知已。因以类志之。

定山。在县南六十里，高二百六十丈，周一十八里。有峰六：曰寒山，曰狮子，曰双鸡，曰芙蓉，曰高妙，曰石人。一名六峰山。六峰对峙拱合，又名六合山，邑之得名以此。岩二：曰观音，曰达摩。泉三：曰虎跑，曰真珠，曰白鼍。山南属江浦。六合八景，定山出云其一也。有诗，见《诗类》。

瓜埠山。县东南二十五里，旧名瓜步山。屹立数十仞，内障滁河口，外瞰大江。魏太武南伐尝建行宫于此，山半有所凿井，井侧有民立玄武庙。山顶有井，俗传张果所凿，二井俱湮塞，止存遗迹。国朝设巡检司于山侧河岸，以司盘诘，因山为烽堠，上建幖帜窝铺。近江盗窃发，知县董邦政益严警备，饬兵瞭戍，详见《防卫》。宋·鲍照有《瓜步碣文》，见《文类》。瓜步观潮，八景之一，有诗，见《诗类》。

灵岩山。在县东一十五里，高二百二十一丈，周一十九里。山无锐峰，而岩峦层耸，四面如一。郏滂《叙》云："岩峻常有灵瑞，故曰灵岩。"其南有偃月岩，又前有凤凰台，右有鹿跑泉、白龙池、万山亭。东有岚光轩，轩有碑，书"灵岩"二大字，亭轩俱废，碑字亦失所在。岩下为法义禅院，乃唐僧神建①道场。初唐武宗会昌五年除佛教，尝造道观，有仙嘘亭、绿罗亭、望江亭、斩龙亭、南轩亭、思真阁。懿宗咸通中废道观，命神建塑佛像，归山重兴佛教。今灵岩寺即遗刹也。八景其一，灵岩积雪，有诗，见《诗类》。

苻融山。在县东北三十五里，高一百丈，周四里。按：宋《嘉定志》云："苻坚弟苻融曾筑城于此，因名。"俗呼"芙蓉"，非也。

黄董山。在县东北三十五里，高一百四十丈，周一十六里。

马头山。在县东北三十五里，高七十五丈，周一十五里。《嘉定志》云："山峰雄秀，绝顶一石高丈余，崔嵬突出，中一穴，方圆径尺，水清而不竭，里人以丝籰悬石投之，莫测其浅深，世传以为有龙居焉。"

西阳山。在县东北二十五里。

牛头山。在县东北五十里，上有一石如牛状。《成化志》载："《嘉定志》云，俗传山有铁牛母子在上，昔日其子冲开河道，九湾九曲，是为滁河。"按：此似涉不经，姑传疑焉。

冶山。在县东北五十里。相传汉吴王濞铸钱之所，因名。山有天井、白龙池、铁牛洞。

---

① 神建：《雍正重修扬州府志》卷五四《人物·释老》记载："神建游方至仪真灵岩山，建立道场，贞元八年示寂。宋元符、崇宁两赐师号，称为惠虚大圣。岁有水旱，祷之辄应。"

蛾眉山。在县东北四十里，接仪真界，绵秀如蛾眉然，故名。

柱子山。在县东北四十五里。

吴沛山。在县东北三十里。

栈子山。在县东北三十里。

塔山。在县东，去符融山五里。旧名叠层山。唐贞观初敕改塔子山，郏滂有诗，见《诗类》。

马鞍山。在县北二十五里，状似马鞍，故名。

尖山。在县东北五十里，高二十二丈，周二里。

龙山。在县西北五十里，高一百二十丈，周一十八里。其形蜿蜒如龙，故名。山半有祠山庙，北有龙山寺。西连亘一山入来安界，乡民谓之西龙山，谓此为东龙山。

赵家山。在县西北五十里，高八十丈，周一十九里。

熨斗山。在县西北四十五里，高一百丈，周七里。

练山。在县西北三十里，高一百丈，周九里。

地龙山。在县西北三十里，高一百丈，周九里。

盘石山。在县西北四十五里，高九十丈，周六里。

巴山。在县西北四十五里，高四十丈，周二里。

佛子山。在县西北四十五里。

三山。在县西北六十五里。

乌石山。在县西北四十五里，上有乌石寺。

麝香山。在县西北四十五里。

烽火山。在县西北六十里。

桃叶山。在县西北七十里。隋开皇三年置六合镇于此山。见《嘉定志》。

独山。在县西四十里，高六十丈，周二里。郏滂有诗，见《诗类》。

盘城山。在县南五十里，有龙洞、盘城高原，临马昌河，通宣化镇。

宣化山。在县南六十里，高三十七丈，周三里。按：《嘉定志》：晋安帝隆安初，置秦令于六合宣化江上，六合之名始此。

泰山墩。在县治东二里，通衢北东岳庙后，高十余丈，周百余步。

滁口山。在县南一十八里，临滁水，与城子山相对。

晋王山。在县南六十里,高三十九丈,周四里。隋炀帝尝为晋王,总兵伐陈,兵出六合,而镇于此山,因以立祠得名。见《嘉定志》。

丁家山。在县南三十里,高三十三丈,周一里。

城子山。在县西南二十五里。

狭山。在宣化山东北,去县五十五里。

坍山。在宣化山北,去县五十五里。

保得山。在县西南二十五里。

杨家山。在保得山北,距县二十二里。

旋涡岭。在保得山北,距县三十八里。

龙洞。有二:一在马头山上,岁旱祷雨辄应;一在盘石山上。

豆姑坂。在胡村涧上。按:《成化志》载:"豆姑坂在胡村涧上,胡村涧在豆姑坂下"及考《嘉定志》云亦然,竟不知二地所在。至询乡民,亦绝无知者,岂当时失考,传讹以至于今欤?抑当时有此地,而何时改其名欤?殆不可晓矣。

登山坂。在马昌河上。

牛齿坂。在保得山长冲上。

摩尼峰。在县南二十里。回盘秀丽可爱,庄定山诸名公尝游于此。

达子凹。在县东南三十里,瓜步山东,金人尝伏于此,故名。按:金本女直,非北狄种,俗误通称为达子也。

小帆山。在县东南四十里大江中,高九丈,广半里。插江特出,若片帆然。一名矾山,以其色白如矾。上有落帆将军庙,北有出佛洞。《寰宇记》云:"小石山,即小帆山也,又名石帆堆。"宋·鲍照有《石帆铭》,见《文类》。

红山。在县东南四十里,瓜埠山东,以土色名,一名赤岸山。郭璞《江赋》"鼓洪涛于赤岸",罗君章诗"赤岸若朝霞",见《南畿志》。《兖州记》曰:"瓜埠山东五里,江有赤岸山,南临江中,涛水自海入江,冲激六七百里,至此岸其势始衰。"

屏山。在县东北四十里,望之如屏。

蜀冈。在县东北三十里,东接仪真,北抵江都,绵亘数十里。旧传地脉通蜀土,上有蜀井,或云产茶味如蒙顶,故名,见《维扬志》。按:县去蜀数千里,山川隔越,何缘通脉于此?后说近是。唐左卫将军陆孟俊自常州将兵万余,趋泰州,进攻扬州,屯于此。宋秦少游、苏轼有诗,见《诗类》。

松林冈。在县北三十里。

青丝墩。在县北二里。

铁牛墩。在县东北二十里。墩如牛形，有二泉从牛鼻出，其气羶，止可溉田，不可饮。

四号墩。在县北二十里。

五里墩。在县北五里。

李铁冈。在县治北二里。

盛家冈。在县治北三十里。

扬子大江。县东南二十五里，滁河入焉。自唐家渡至瓜埠、东沟一带，皆属县境，巡哨江界。自昔江寇出没，日肆掠杀。知县董邦政综理江防为密，屡有杀获功，其所言《江防二十事》，皆凿凿长策，见《文类》。

滁河。在县治前，水自庐州府梁县发源，越滁、和州界，合五十四流入县境。有三汊，又名三汊河，其当县治前又名龙津，东南转折三十余里，入大江。郑滂有诗，见《诗类》。

冶浦河。在县东二里许，其水东北通天长界，南入滁河合流。

皂河。在县西北三十里，其水从北入滁河合流。

浊河。在县西北四十余里，其水从北入滁河合流。

马昌河。在县南五十里，其水从南入滁河合流。

东沟。在瓜埠山东二十里。县防江口隘，接仪真境。

黄湖港。在县西北一十五里，其水从北入滁河合流。

程家港。在县西南二十里，其水由北入滁河合流。

梁家港。在县西南四十里，其水由东入滁河合流。

龙斗港。在县东南一十五里，灵岩山下。

陈里港。在县南二十五里，其水东接瓜步，西入扬子江。

芳草涧。在县东永定寺北，通沈家湖、横塘，入冶浦河。唐韦应物及郑滂俱有诗，见后《诗类》。

清冷涧。在香港上。按：《成化志》，香港不详所在，考《嘉定志》亦然，且谓香港见三山水，竟不知指三山水为何水也。

胡村涧。在豆姑坂下。说见“豆姑坂”。

玛瑙涧。在灵岩山下。坞杂水出五色石，或白质赤章，有缠丝的砾可爱，故名。

蒲苗浦。在县东门内百余步。

通臂泉。在县北五十里冶山祇垣寺。《成化志》载："《嘉定志》云，唐有梵僧八百至寺求斋，内一僧思蜀水烹茶，有小头陀屈指触山，泉随涌出，名通臂。味同蜀水，俄僧去，不知所在。或云过八百桥者，即此征也。"

花石浦。在宣化市东。

蛤蟆浦。在县治南门外，周八十余步。

白家嘴。在县东南二十五里。

莲花浦。在十都莲花里。

王家沟。在县东南三十五里，入江。

石脚滩。按：《嘉定志》，在滁河东岸，以河底有石，故名，今呼为张家滩。绍兴间，诸军尝期会于此，造浮桥直达瓦梁。

惜水湾。在县东南十五里，其水萦回三过灵岩，两过滁口，水遥而陆近，疑即今大小长湾也。宋隆兴甲申凿开其湾，曰过船洋。有诗，见《诗类》。

河子沟。古称为急流江，即今之急水沟也。在县东南四十五里。昔范文正公领淮东漕事，以六合濒大江，风涛为险，因长芦河引江水支流下瓜步，萦回入江，以便漕运。旧渡江多由此路，今间行焉。

龙池。在县南五里余，其水至清，深寻丈处犹察见细物，宜浣漂。有两岛似人伸臂，岛下渊邃莫测。旧传悬丝甕石投之，不能及底。有人泛舟池内，风涛骤起，以为有神龙居之，故以名池。池出鱼肥美，顷年听民承佃，采捕无时。近知县董邦政因前任知县邵漳令，里甲渔为养马费，乃即其意，定为法制，约岁春仲一举，非时及盗者罚，寓爱养于撙节。壬子二月自为文临祷，一网举百数十尾，尾重三四钧，小者亦不下二钧，士民异之。又八景其一，龙池举网，有诗，见《诗类》。

放生池。据《嘉定志》，在香积寺侧，西有水关，东有梦草亭。《九域志》云，旧属兵教寺，即唐颜真卿所书七十二碑之所也。[1] 后因筑城湮塞，迁于龙池。按：所谓兵教寺及颜真卿所书，今皆无考，其筑城湮塞则指池言，迁于龙池疑为梦草亭耳。若以为放生者，移就于龙池，非也。

白龙池。在灵岩山上。

---

① 兵教寺，宋新定《九域志》卷五载："放生池，属隆教寺。"

咸池。在县北四十五里，因池名乡，古有咸池乡。

白坟池。在县西南一十五里。

圣水。在县北二十五里，能治痼疾，土人祠之。后因一丐者涤癞，遂涸，祠亦废。今有遗址可考。此据《成化志》所载。按：《嘉定志》圣水有二，此其一也；其一在符融山顶，宋熙宁间一僧造塔其侧，泉亦能已疾，民争取之，有神足迹，僧去，井不复验。今二水俱涸，惟名存尔。

东沟水。在长芦寺侧。宋绍兴十八年，淮南运判沈某以舣舟无所，与上人相视地形，即于顺应庙东疏为港，命寺僧法空主其事。港长六十余丈，阔六十丈余。有碑记，今废。

岳子河。在河子沟北。相传金兀术驻兵瓜步，岳飞遣子云率士卒从河子沟凿此，以出其背，虏败走。今俗呼为“鸭子河”。

葫芦套。在县西十里，水绕地如葫芦形，故名。

城池

《易》曰“王公设险以守国”，《诗》歌城谢，《春秋》书城邢，金汤，虽不可恃，亦不可无，要亦有民社者重务也。六合今无城池，而古有之，庸志之以存饩羊云。

宋《嘉定志》云：“六合旧城东过冶浦桥之东，西过今城之西，南跨滁河之南，北过今城之北。”按：此六合在宋以前有城可知，乃跨河为一城也。后不知何时废，惜典籍无考。

绍兴二年，步帅阎仲请于朝，就旧濠筑城，命步司统制杨世元董其役，名北门曰德胜，东门曰宁真，西门曰清滁，南门曰通济。右《宋志》，云出《真州志》。按：此南门曰通济，则河在南门之外，乃河北自为一城，非复跨河之旧矣。

隆兴元年，泾原郭振帅步军筑城戍守，西展思治坊，北展太平坊之地。又于城北开濠积土，因为城垒，而太平坊在城濠之内。又数年，修筑河南远城包顺义坊之地，由是县之南北跨河为二城矣。右《宋志》所载，文多讹舛残缺，疑郭振所筑城在阎仲城北，添筑一城，而势相连属，其河南则别为一城，乃三城也。故《宋志》载有三城规制，今录于后。

正城一座，通长八百六十四丈五尺，垛头八百一十三个，计四里二百八十九步，高二丈二尺，面阔一丈五尺，砖包砌，城上炮台二十四座。

北城一座，与正城相接，通长五百七十五丈三尺，垛头四百四十九个，计三里七十步三尺，高二丈五尺，面阔一丈五尺，砖包砌，城上炮台一十座。

土城一座，在县浮桥之南，通长五百五十四丈五尺，垛头五百一十三个，砖砌一十九个，土垛[1]四百九十四个，计二里三百九步，高一丈六尺，面阔一丈二尺，城上炮台二座。

各城濠总一千七百八十丈四尺，深一丈以上有差。已上俱宋《嘉定志》。

国朝《成化志》云：本县旧土城一座，周围七里许，岁久坍塌，不存，止有遗址。成化十年，知县唐诏以四旷无门，无以防御，乃构四门，门为屋三间，各扁其额，东曰来春，西曰钟秀，南曰迎恩，北曰瞻阙。按：六合宋时有砖城，今四门皆有高阜及河道，乃遗址也。父老相传，不知何时废，徙以城扬州，遂不复建筑。其徙扬州不可考，所谓不复建筑，殆不谬。《成化志》谓“土城坍塌”，夫既有土城，则吏于土者自当相继完葺。矧无兵火变故，岂有遂至坍塌者耶？是或臆度之词耳。史有传疑之法，存之以俟。兹据见存之迹，志之于后。

来春门。在县东三里追人桥之西。嘉靖十八年备迎梓宫，恐碍，知县周薇撤之，后不复建。今即冶浦桥东之门为来春门云。

钟秀门。在县治西一里许。

迎恩门。在县治南一里许。

瞻阙门。在县治北一里许。

小东门。在县治东三里河下。

通滁门。在县南迎恩门西，常家巷外，旧名小南门。嘉靖二十三年，居民失火，延烧，知县黎循典重建，改今名。

小北门。在县治北，瞻阙门东仁和桥巷。

城河。四门外水道周回，中通仁和桥。

城埂。在城河内，土阜延袤。按：城河城埂久为居民耕筑，嘉靖二十七年，知县邵漳谓民业官地，而不纳租，非法也。查名认租，俾里长取为养马之费。后贫民不能办，知县董邦政谓取民租则民以为己业，将遂废其河埂之迹，万有当兴建城池者，殆无可据，况贫民不任租税，孰若蠲之为便，遂已。

---

① 垛：底本缺，据《顺治六合县志》卷二补。

坊　市

《易》“神农日中为市”。汉洛阳有九子坊，坊市之说，尚矣。今之坊市，凡郡邑皆有之，大要别民之居址，便民之贸易，为民生计也。其坊为科第立者，则又彰善树声之遗意云。

文明坊。在儒学文庙前，见“庙学志”。

科第坊。在儒学街东。嘉靖十二年，民家火延及之，知县茅宰重建。嘉靖二十七年，知县邵漳修，更扁曰“登瀛”。三十一年，知县董邦政重修，增扁曰“多士”。

魁英坊。洪武十七年为举人余文立。

攀桂坊。洪武二十三年为举人许旸立。

登科坊。洪武二十九年为举人傅谦立。

书荣坊。洪武二十九年为举人吴珏立。

登第坊。洪武三十二年为举人夏润立。

拔秀坊。永乐三年为举人尹旻立。

梯云坊。永乐三年为举人孙智立。

步蟾坊。永乐六年为举人缪衍立。

进士坊。在棠邑驿西，永乐十三年为进士郑猷立。

折桂坊。永乐十六年为举人刘晏立。

冠英坊。宣德七年为举人田琮立。

文魁坊。在龙津桥南，正统三年为举人季璘立。

凌云坊。在训义坊东，正统十二年为举人郑瑛立。

锦幖坊。在文魁坊南，景泰元年为举人李景修立。

进士坊。在训义坊东，景泰三年为进士郑瑛立。

登云坊。在新安街，天顺三年为举人黄缙立。

蜚腾坊。在县前街东，天顺三年为举人詹倗立。

文光坊。在钟秀桥西，天顺六年为举人吴善立。

进士坊。在县前街东，成化五年为进士俞禄立。

国宾坊。在龙津桥南，成化七年为举人余深立。

步云坊。在龙津桥北，成化七年为举人黄肃立。

登庸坊。在迎恩门，成化十年为举人谢瑄立。

进士坊。在冶浦桥东，成化十四年为进士黄肃立。

经元坊。在来春街，成化十六年为经魁王弘立。

锦衣坊。在县东骑鹤街，为锦衣卫指挥佥事季全立。以上自魁英坊至此皆废。

昂霄坊。在训义街，成化十三年为举人袁文纪立。

登科坊。在县东新安街，成化十六年为举人印宝立，旧名鹗荐。嘉靖二十六年知县邵漳更今名。

重光坊。在冶浦桥东，嘉靖三十一年知县董邦政为前进士黄肃、嘉靖壬子举人黄骅立。

德政坊。在县治前骑鹤街内。

善教坊。在县治前骑鹤街内。

宣化坊。在县治前直街内。

澄清坊。在县治东北街内。

太平坊。在县东骑鹤街内。

训义坊。

演教坊。俱在县东。

孝女坊。在县东门外，详见“古迹志”侍婆墩下。

移风坊。已上五坊俱宋《嘉定志》所载，世虽辽远，坊名仍旧。

新安坊。俱在县治东。

富有坊。

富安坊。俱在县治西来凤街。

训安坊。在县治滁河南。

钟秀坊。在文明坊西。

新兴坊。在县治西门。

粥牲坊。坊二：一在瞻阙门内，一在来春门外。俱成化十二年建，今皆废。按：以上自德政坊至此俱不存。

市合坊。坊二：一在瞻阙门内，废；一在来春门外，嘉靖二十年重建，嘉靖二十八年知县邵漳改名“遵义”。

马政坊。在马厂，知县邵漳立。

贞节坊。坊二：一在县治东，正德五年为节妇毕氏立；一在县西，嘉靖十二年为节妇江氏立。

通玄街。在县治西门。

来春街。

迎春街。俱在县治东。

市宝街。在县治西。

朝天街。

迎恩街。

来凤街。俱在县治南。

永宁街。在县东南。

利涉街。在县治北。

骑鹤街。在县治前。

东市。在县治东。

北市。在县治北。二市皆鬻卖牛羊牲畜之所。

冶浦桥市。

仁和桥市。

南市。

西市。已上四市俱在城，皆卖买粮食之所。

竹镇市。在县治西北五十三里，属北四五都。按：《嘉定志》竹镇元名竹墩，以宋庙讳更今名。

八百桥市。在县治东北三十里，属东二都。

雷官集。在县西五十里。

大营集。在县西南五十里。

按：各市贸易之所，其斛斗秤尺大小不一，民缘为奸。嘉靖三十年，知县董邦政立平准悬于市肆，谕贸易之人，有大小低昂，听其较量，民心知儆，市价均平。

乡　都

古以万二千五百家为乡，今一方之聚落，遂谓之乡。古者，国必有都，故曰“大都三国之一，中五之一，小九之一”；今之都则指一里言也。盖今之郡邑，即古诸侯之国，曰乡曰都，皆袭其名号，视昔为不侔矣。

县原额一十七里半，天顺间改编一十九里。

东里：在县治东。

西里：在县治西。

东二都一图：夏家庄乡。

二图：新王乡。

三图：八百桥乡。

四图：许家庄乡。

南四五都一图：苏家堡、王家堡。

二图：新安乡、瓦梁里、莲花里。

三图：南乡、黄塘堡。

北四五都一图：东官庄乡。

二图：方凌乡。

三图：香山乡。

四图：盘石乡。

上三都一图：盘城乡、张家堡。

二图：朱家堡。

三图：塘西堡。

下三都一图：石子冈乡。

二图：新兴乡。

三图：郭家堡。

田 土芦洲 屯田附

《禹贡》厥田上、中、下，而土壤之黄、赤、黑、白，咸致详焉。盖生养之所系也。然腴瘠存乎地，而荒芜垦辟则存乎人，勤民事者其留意哉。

洪武二十四年，官民田地塘九百二十三顷四十六亩四分六厘八毫。

官田一十二顷三十五亩二分，地一顷五十五亩六分，塘五亩；民田六百一十一顷八十七亩六分六厘八毫，地二百八十一顷，塘一十七顷四十一亩八分。

永乐十年，官民田地塘九百二十八顷六十九亩六分六厘八毫。

官田一十五顷九十三亩八分，地五顷三十亩六分，塘一十亩；民田六百一十三顷二十八亩六厘八毫，地二百七十六顷七十四亩九分，塘一十七顷三十二亩三分。

正德七年，官民田地塘九百七十顷二十亩一分七厘。

官田二十二顷五十亩二分五厘，地九顷二亩八厘六毫，塘一十三亩；民田六百四十顷六十二亩二分八厘六毫，地二百八十顷三十四亩二分四厘八毫，塘一十七顷五十八亩三分。

嘉靖元年，官民田地塘一千五十二顷二十八亩一分六厘三毫五丝。

官田二十二顷四十三亩五厘，地八顷八十四亩三厘六毫五丝，塘一十三亩；民田七百二十顷二亩六分七厘七毫，地二百八十三顷二十七亩一分，塘一十七顷五十八亩三分。

嘉靖十一年，官民田地塘一千五十五顷六十五亩六分五厘六毫。

官田二十二顷四十三亩五厘，地八顷八十四亩三厘六毫，塘一十三亩；民田七百二十三顷三十二亩四分，地二百八十三顷三十四亩八分七厘，塘一十七顷五十八亩三分。

嘉靖二十一年，官民田地塘一千五十六顷九毫。

官田二十二顷四十三亩五厘，地八顷八十四亩三厘六毫五丝，塘一十三亩；民田七百二十三顷六十三亩二分三厘二毫五丝，地二百八十三顷三十八亩三分七厘，塘一十七顷五十八亩三分二厘。

嘉靖三十一年，官民田地塘一千五十六顷四十三亩一厘一毫。

官田二十二顷四十三亩五厘，地八顷八十四亩三厘八毫五丝，塘一十三亩；民田七百二十四顷三亩一厘四毫，地二百八十三顷四十一亩五分九厘一毫，塘一十七顷五十八亩三分二厘。

附 芦洲按：六合东南沿江一带皆为芦洲，旧皆各处人承佃，属上元县征纳课银，转解南京工部。嘉靖二十七年，该南京礼科给事中郑维诚、监察御史龚秉德各奏奉钦依清查芦课，当该本县里老范友贵等呈告，沿江芦洲系六合境土，自合本县人户承佃，今远方人假冒上元名色，境上隔别，其间侵占欺隐弊多，乞如例清查等，因该知县邵漳逐一丈量清查，起科召佃。至嘉靖二十九年，知县董邦政续勘造册，缴报额定各洲顷亩及课银数目，属县征解，其洲场争讼及奸弊咸听县缉问，行令各洲将姓名造册送县，仍立一洲长，凡洲边有警，责令率众救援，朔日应卯查考，事始画一，今将洲场附载于后。

河西老洲。在县南四十五里急水沟，上田一千八百二十一亩，中田四百六十五亩九分，旱地一百亩，密芦地四千六百九十六亩五分，稀芦地一千一百六十亩七分，屋基埂岸水沟二百二十四亩九分八厘。

草洲。在县南三十里石斗门，密芦地三百亩。

团洲二处。一在县南四十五里急水沟，密芦地六百一十一亩一分；一在县南三十五里王家沟，稀芦地四百二十六亩。

柳洲。在急水沟，密芦地五百亩六分四厘。

扁担洲二处。俱在急水沟。一处密芦地五百七十五亩六分，一处密芦地六百三十三亩八分四厘，稀芦地一百六十亩。

白沙洲。在急水沟，密芦地一百七十四亩。

琵琶头洲。在急水沟，密芦地五百五十二亩。

菱角洲。在县南三十五里白家嘴，密芦地二十七亩。

鸡心洲。在白家嘴，密芦地八亩二分。

斗沟鸡心洲。在王家沟，密芦地九百二十六亩，稀芦地一百九十一亩。

扁担斗沟洲。在王家沟，密芦地八百八十亩五分，稀芦地一百八十七亩六分。

王家沟二处。俱在县南四十里。一处密芦地七百六亩，稀芦地五十九亩，一处密芦地一千四百七十二亩，稀芦地六十五亩五分。

白沙老洲二处。俱在王家沟。一处密芦地一千二百三十七亩，一处密芦地一千二百四十九亩。

白沙小猪头脑洲。与前洲相连，密芦地七百七十一亩。

白沙裙边新生洲。与前洲相连，密芦地一千五百五十六亩，稀芦地九百六十一亩，草地四百三十亩，草滩一百六十一亩。

瓜埠对岸洲。在县东南二十五里，密芦地三十五亩。

土名洲田。在瓜埠，田二百五十亩，沟埂三十五亩。

新生沙滩。在瓜埠，密芦地一百九十三亩，稀芦地四十五亩三分。

离江洲二处。俱在瓜埠口。一处田九十六亩五分，密芦地四百三十六亩，埂岸禾场二十亩七分，一处上田七百四十二亩，圩埂水沟八十六亩。

离江下沙滩洲。在瓜埠，密芦地一百一十六亩。

夹圩洲。在县南三十里石斗门，下田八十一亩，稀芦地一百八十三亩，熟地二百二十三亩，水沟埂八十五亩，荒草滩一百八十亩。

滁河西岸洲。在县西南十里，密芦地四十一亩。

龙池洲。在县南五里，荻草地一百七十亩。

附　屯田按：屯田与六合民田相杂，其屯所奸盗等弊与县相倚，理当纠察。嘉靖十六年，该屯田御史周冕奏准于各屯所选择谙练一人，佥充屯老，如老人然，统辖于县。其屯田所在，合附载之。

武德卫屯。在县南五里，大庙地方。

兴武卫屯。在县西三十里，松林冈地方。

神策卫屯。在县东五里，永定寺地方。

府军后卫屯。在县南十里，垛石桥地方。

豹韬卫屯。在县东十五里，灵岩山地方。

留守右卫屯。在县东五里。

留守中卫屯。在县南十五里。

骁骑卫屯。在县东十五里，灵岩山地方。

留守左卫屯。在县南二十五里，龙王庙地方。

江阴卫屯。在县东南二十里，灵岩山南。

府军左卫屯。在县东北八里，横塘地方。

虎贲右卫屯。在县南二十里，九里平。

水军右卫屯。在县东南二十里，贾裴塘。

龙虎卫屯。在县东南十五里，灵岩山西。

水军左卫屯。在县东南十五里，灵岩山北。

羽林右卫屯。在县东北五十里，东王庙地方。

虎贲左卫屯。在县东北七里，青竹桥地方。

龙江左卫屯。在县东北三十里，马头山地方。

水 利

沟洫水利，昉于神禹，历商而周，井田之制大备，分领疏导，各有司存，如遂人、匠人、稻人、雍氏之类是已。后世井田虽废，而灌溉未尝无法，其留心于此亦代不乏人。六合水利有圩、堰、塘、坝之名，卑则障，高则储，均为吾民计也。然及时筑浚，不能无望于良有司，故志之。

瓦梁堰。在县西北五十里，即滁塘也。《嘉定志》云：知全椒王谳记，滁河而上数百里，巨细骈比，合五十四流，辐辏于此，四顾则中缺横高，而回环相望则底若大陆，如壶口，是滁塘之形势也。其曰作涂塘者，是塞滁水以为塘也。瓦梁之名，有上瓦梁、下瓦梁。作滁塘，下瓦梁也。北齐尝置瓦梁郡，陈吴明彻讨平之，即此地。

长塘堰。在县西南五里。

刘城堰。在县东五里。《嘉定志》云：南接崇冈，中间筑城堰，附之以石，西北接茅城堰，今废。

茅城堰。在县西高冈上，与刘城堰相对。《嘉定志》云：旧为县藏冰之室，今废。

以上四堰，按宋志已多废。今历世久远，地道变盈流谦，又非昔比，矧圩塘修筑，逐年相地增置，所赖以障水者，或已改为而易其名，亦不可知。今姑志其旧，以俟兴水利者之考求云。

长城圩。在上三都。

伏家圩。在上三都三图。

官民圩。在上三都。

延祐圩。在上三都一图。

双城圩。在上三都二图。

菖蒲荡圩。在下三都一图。

上清圩。在上三都三图。

下清圩。在上三都三图。

北城圩。在上三都三图。

大德圩。在上三都一图。

湾圩。在上三都一图。

塴山圩。在上三都一图。

小塴山圩。在下三都一图。

堰埂圩。在南四五都二图。

领头圩。在南四五都三图。

刘家圩。在上三都一图。

蒋山圩。在下三都一图。

大清圩。在下三都二图。

小古圩。在南四五都三图。

散水圩。在上三都三图。

黄公圩。在下三都二图。

贾裴塘。在东二都一图。

草塘。在县西五里，北四五都一图地方。周十里余，塘侧有墩，墩有土地庙基，其水灌田甚多，但平浅易涸，水没又利刍牧。屡有议佃垦，高阜处为田者以妨众溉而止。产物不等，岁见一种，可资贫民。歉则倍出，似有灵异。近塘花柳芬芳，可供游赏。草塘春色，八景之一，有诗见《诗类》。

栗山塘。在东二都三图。

高明塘。在南四五都三图。

张塘。在南四五都三图。

堰城塘。在南四五都三图。

姚家塘。在下三都一图。

梁塘。在下三都三图。

郭明塘。在下三都三图。

塔山塘。在东二都二图。顷因水冲山土淤塞，知县邵漳令民佃垦入租，助养差马。近该知县董邦政奉屯院移文踏勘，协同龙江左、府军左二卫，各拨军民开浚，仍备灌溉，除民租入。

拆塘。在北四五都二图。

郝家塘。在南四五都一图。

裴家塘。在南四五都二图。

刘塘。在南四五都三图。

黄塘。在南四五都三图。

祝里塘。在南四五都三图。

大德塘。在上三都二图。

定山塘。在下三都二图。

倪山塘。在下三都二图。

埸山塘。在下三都三图。

任家坝。在东二都三图。

凌家坝。在北四五都三图。

西王古坝。在东二都二图。

平山王家大坝。在东二都三图。

钟家坝。在东二都二图。以上圩二十一座,塘二十面,坝五处。据《成化志》所载,圩九座,塘二十一面,坝一处。塘、坝俱洪武二十八年建筑,成化十年典史万郁重修,殆今八十年,逐年增建倍昔,其名间有异,疑析合不一。近该知县董邦政通行用工修浚,除小古、散水二圩系草场田地,黄公圩系边江田地,不堪用工,余皆完整坚固,水旱有备。

按:各里民田与各卫屯田相参,圩塘水利军民共之,其有圯塞,则县卫军民协力修浚云。

桥 梁

《夏令》"十月成梁"。赵襄子时,豫让伏于桥下,则梁乃三代之名,桥乃春秋以后名也。其为用在于利涉。六合桥梁,固非一所,志其名及其地,庶因循倾圯之余,举徒杠舆梁之政者,于兹有考云。

龙津桥。在县治南数十步。《成化志》云:桥一十八拱,叠石为之,有断石铭可验。桥下尝有鲭鱼,长数丈,或见或隐,唐时敕上下五里不得采捕,后值黄巢兵燹,桥废,鱼亦不复见。宋绍兴间,知县龚相造浮桥,又废。国朝洪武元年,知县胡有源置一船二夫,专主济渡。永乐二年,知县胡铭惠仍造浮桥。成化五年,知县唐诏修整坚固。嘉靖十年,知县茅宰申府,每年额造船二只,以易损坏。二十二年,知县黎循典重建,有碑记。二十五年,知县邵漳佥殷实老人管之,绝往来索钱之弊。三十一年,知县董邦政见多船俱朽,复修建完固,仍择老人管之,商民胥便,无沉溺患。见船六比计十有二只,木跳五十三条,栅栏二十四副，大铁索二条，篾缆八条，石塔一座。相传龙津待渡为“六峰八景”之一，有题咏，见《诗类》。

冶浦桥。在县东五里冶浦河。五代时避杨溥讳，人呼为冶清桥。建自唐天宝中，筑以土。至宋嘉定中，知县刘昌诗改造。永乐中，知县胡铭惠重建。宣德中，知县史思古特大其制，用木桩万余固其基，叠石为五拱，上铺以板木，覆以瓦屋二十间，长三十余丈，伟然为邑巨观。成化间，知县唐诏修。正德间，知县林幹重建，后倾颓。嘉靖十六年，知县周薇重建。十八年，备迎梓宫，撤之，周薇复建。后桥西石崖因雷雨冲倒，二十八年，署县事本府检校张大伦修。“六峰八景”一曰冶浦归帆，有题咏，见《诗类》。

八百桥。在县东北三十里。唐开元五年，民全忠等建。永乐二年，灵岩寺僧、裴左等修。父老传云：唐有八百梵僧往冶山讲经，过此，有寺，今废。

程家桥。在县西二十五里。洪武二十三年，民人侯孙儿建。

永定桥。在县东北七里，洪武二十八年，民人耿大建。

嘉会桥。在县治东。

仁和桥。在县东，跨城河。

新会桥。在县东。上三桥俱岁久坍塌，洪武二十五年，道士金葆原建。

马湖桥。

梁家港桥。已上二桥俱在县西南四十里新开路，永乐中知县王翱建。

黄湖桥。在县西一十五里，洪武二十四年民人陈神保建。

荣家桥。在县西二十五里，洪武二十五年民人刘德亨造。

茅家桥。在县南二十五里滁口山北，沿河通长芦陈里港。

菩提石桥。在县南二十五里，长芦寺前。

龙池石桥。在县南五里。

土桥二。一在县东河下；一在迎恩门内，跨城河。

白坟池桥。在县西一十里，洪武二十五年僧继祚建。

追人桥。在县治东，旧来春门外。《成化志》载：周世宗伐南唐，宋太祖亲督渡淮兵，首败万余人于涡口。时江南命皇甫晖为招讨，姚凤为副使，众号十五万。太祖拥马直入，左右驰突，曰：“吾止取皇甫晖，他人非吾敌也。”挥剑中皇甫晖脑，不死，乃生擒之并姚凤。遂下滁州，继而韩令坤已平维扬，陆孟俊等数万兵逼城下，令坤惧，潜议退师。世宗遽命宋太祖领兵十万，疾趋六合援之。太祖下令曰：“扬州官兵敢有过六合者，必断其足。”令坤始有固守之意。桥正当驿路,以兵御之,至此必追以斩,后因名曰追人桥。岁久废,洪武三年,民丘成重建。

马昌河桥。在县西南二十里。

双板桥。在县西北二十五里。

竹镇桥。在县西北二十三里。

杨都桥。在县西北一十五里。

北献齿桥。在县西北三里,通竹镇。

鹿城桥。在县西十一里,通竹镇。

青竹桥。在县东北一十里,通天长。

芦塘桥。在县东北二十里。

青陆桥。在县方凌乡。

泉水桥。在宣化镇。

唐公桥。在县东十里,旧名土桥。成化间,邑人唐清用石重建。

钟秀桥。在文明坊西,旧名西水闸。嘉靖二十七年,居民重修,因改今名。

安西桥。在县西二里许。

知方桥。在县西二里。

马桥。在县东十里,邑人唐璟造。

善家桥。在县东南二十五里,瓜埠、六合、仪真分路处。旧以土为之,弘治间,寿官谢宗旦用石重建。

瓜埠石桥。在善家桥西北,下通灵岩山,流入匠人河。弘治间,寿官谢宗旦用石建。

蒋家沟桥。在县西二里。

高桥。在县西二里余。

宋家桥。在县西二里。

芦门桥。在县东五里。嘉靖间,耆民汪澜用石建。

垛石桥。在县南十里。

关 津

道路之关，济渡之处，皆要地也。无事则启闭以时，惟民往来；有事则通调车徒，为之防守，亦据险保民之一事也。志关津。

通津关。在县东南二十五里，即今瓜埠。旧有水关，不知何时废，两岸尚有遗桩。嘉靖三十二年，知县董邦政因江寇肆作，此为要津，遂设鹿角、当众浮于水面，系以铁索、竹缆，朝夕启闭，其规制一如龙江关云。

回军渡。在县东南二十二里，旧长芦寺后。按：宋《嘉定志》载，宋太祖以舟师雄兵十万伐南唐，李璟兵于瓜步，振旅凯还，因名回军渡。

新渡口。在县西南三十五里。永乐四年，知县王翱造渡船一只，济者便之。

华家渡。在县西三十里。洪武二十三年，句容县清元观道士刘玄成造船一只，济者便之。

宣化渡。在宣化山旁。昔为建康往来要津，晋五王南奔，渡江于此，至今谓五王渡，童谣云："五马渡江，一马化龙。"

陈李港渡。在县南二十五里，东接瓜步，西连扬子大江。

梁村渡。在县东十里。

碌碡步渡。

高渡。在县西二十里。

窑子渡。

萧何渡。

石桥渡。

上瓦梁渡。

五渡俱在县西南瓦梁堰上。

香港渡。

下瓦梁渡。

白河渡。

三渡俱在县瓦梁堰下。以上据《成化志》。

陆家湾渡。在县西十里。

张家堡渡。在县西南六十里。

武家渡。在县西南五十里。

独山甄家渡。在县西四十里。

姜家官渡。在县西南二十五里，为滁、六往来便道，济者甚众。旧为居民专利，行旅苦于过索。嘉靖十二年，知县茅宰置官船一只，委渔户王婆孙领渡，岸傍立一石柱，大书云："官船官夫，人到即渡，敢索钱一文者，究治。"至今便之。

陈家渡。去县□①里。

已上渡俱本县旧官渡。

郭家渡。

周家渡。

宋家渡。

胡家渡。

已上俱新渡。

按：《成化志》所载渡口多出于宋《嘉定志》，世代辽远，古今异名，漫无可考。所谓新渡口疑即今姜家渡，华家渡疑即今独山渡，宣化渡疑即今浦口宣化江，皆因地与里而知之也。余阙以俟。

古　迹

世代推迁，陵谷异矣，其涉于人者，尤多变置。六合，古名邑也，历代名流不无遗迹，今虽无据，而故老相传，熟在人耳，雪鸿留迹，是可使之泯灭哉？庸志其概，以备吊古者之采择。

吐将台。在儒学西高冈上，即今城隍庙基。旧传英布封淮南时，汉高祖醢彭越，赐诸将，布食而觉之，遂吐，因名。

废吴王城。在瓦梁堰高冈上，四壁崇耸。吴孙权尝分兵屯此，今其上有吴王庙。郑滂有诗，见《诗类》。

宴坐石。在定山上。按：《嘉定志》云，达摩面壁之处。

废符融城。在县北三十里符融山上。《嘉定志》云，符融尝筑城于此，今呼为芙蓉城，非也。互见"符融山"注。

废晋王城。据《嘉定志》，在县南五十里，隋开皇九年，炀帝为晋王，统军伐陈，城此。

① □：底本空缺一字，《万历六合县志》作"廿五"。

永定公主墓。在县东北永定寺侧，旧传梁武帝永定公主葬此，至今雨过尝有遗物，其地高阜，今名走马岭。

铁牛冈。在县滁河东南岸。旧传即牛头山之铁牛走于此，至今地有遗铁，详见“牛头山”注。

芦塘寨。在县东北二十五里。旧传鲍家庄有女与关平战，立寨于此，因名。

魏太武井。在瓜步山半。

张果井。在瓜步山顶。二井近俱湮塞。

侍婆墩。在县治东北，冶浦河口西岸。《嘉定志》有女年及笄，誓侍母不嫁，死与同坟。扁其坊曰孝女，因名为侍婆墩。郏滂有诗，见《诗类》。

永福阡。在县治东三里。宋绍兴二年，运判赵师罕建，至今为义冢，其地有冈垅。

洪家墩。在县治东北三里。二墩相连，相传为古将王陶、王钺所筑台也。

五里墩。在县治北五里，古烽堠也。

谎粮墩。在县治西北二里许。旧传有将以土诈为粮，而覆之盖，亦量沙意也。惜将之名失传。

吴王铸钱冶。在冶山，汉吴王濞铸钱之所。互见“冶山”注。

废龙王庙。在龙池东岸。按：《嘉定志》：岁旱祷雨有应。今尚存遗址。

按：《嘉定志》有废清风亭、废士林馆、废如归馆等处，据郏滂时已废，今则并其迹已无可寻，故不载。

六合县志卷之一终

六合县志卷之二

人事志

户　口

《周礼》："司民掌登万民之数，自生齿以上，皆书于版，……异其男女。"重邦本也。国家十岁一献计，即此意。六合自洪武以来，户口蕃耗不一，是必有致之者。於戏！庶而富之，富而教之，司治者其加之意哉！

洪武二十四年，户二千二百六十，口一万四千九十五。男六千九百四十一，女七千一百五十四。

永乐十年，户二千八十一，口一万四千四百八十三。男七千三百八十九，女七千九十四。

天顺六年，户二千五百五十八，口一万八千五十三。男一万一千八百九十二，女六千一百六十一。

成化八年，户二千四百八十三，口一万七千六百一十。男一万一千六百一，女六千九。

弘治十五年，户二千五百三十七，口二万八千三百七十一。男二万八十，女八千二百九十一。

正德七年，户二千六百八十五，口三万一千一百五十六。男一万二千一十六，女九千一百四十。

嘉靖元年，户二千七百九十，口三万七百七十五。男二万一千八百七十二，女八千九百三。

二十一年，户三千四十一，口三万六百四十二。男二万一千九百三十八，女八千七百四。

三十一年，户三千一百五十三，口三万九百一十九。男二万七千二百八十三，女八千六百三十六。

民 业

古以百亩之田为常生之业，故逐末有罚。井田既废，业始不一，士不可尚已，其余大者务以居积致富，小者日糊其口，事虽不同，要皆辛苦艰难始克济，诚在上者所宜深念也。志民业。

滁河由六合入大江，通舟楫，易致远近货物，故民多逐末为商贾。其乡民则力田，田事隙则为土木工，或结草破竹为蓑笠、箕箒、屦席之类以规利。城市间子弟多事诵读，衣冠文物彬彬矣。若游手游食之徒，百无一二。古云：民安其业，其庶矣乎。按：六合各山场旧皆为蓁莽地，近该知县董邦政屡出示谕，令所在民种植桑麻，不许荒芜，此实土人所未晓。今闻之相率垦辟，渐有所业，又可为资生之一策云。

风 俗

地有分土，则有方域，各囿风气，以成俗尚。《记》曰："广谷大川异制，民生其间异俗。"此风俗之说也。一说上之所流者为风，下之所成者为俗，要之顺风气之宜，而鼓舞作兴以风之者，恒在上也。六合之俗不无淳漓，然随时转移，惟司风化者留意焉。

六合古属扬州，扬州土俗轻扬《孔氏六帖》，俗喜商贾《唐书·李袭誉传》，号为繁侈唐元和《扬州志》，故其俗在昔颇与扬类。今属应天，应天之俗人物繁盛《隋志》，君子勤礼恭谨，小人尽力耕殖《祥符图经》，其俗遂与应天相类。其人多朴愿，尤怯于私斗，不喜讼，不欲干官刑，安土重迁，鲜奔竞游手，妇人不当户，虽贫亦肃阃仪，此俗之大较也。其详于冠昏丧祭、居室服食，四时之事见之。

冠。简朴成事，多于岁除或因婚乘便，士夫家间有如礼者，然亦不能举其详也。

昏。嫁娶之仪，贫富称家，亲迎市井全废，村氓尚存其概。嫁女者，率以聘受饼果遗姻友，各答以财帛衣鞋之类，谓之送嫁。既嫁，多代为馁馈，丰俭随宜。

丧。衣衾棺椁，各称有无。初丧，每七日一奠，奠终七。正德以前，多受赙裂帛，近通吊而不赙，亲厚者或赙奠。非士夫家，多好设斋醮，其送葬盛陈仪供，颇伤于易，惟用力于三物、灰隔之法，为可尚耳。

祭。荐祭多不能如礼，惟三月、清明、七月望、十月朔、冬至、除夕通祭祖先，其诸鬼神则因事而祭。市井贸易者，每月二日、十六日各祭土地，谓之烧利市。病者好祈祷，乡民多溺罪福之说，崇信释道，修斋醮受箓，以致靡费。有赛愿者，自囚杂佥，鼓巫歌，殊为鄙亵云。

居室。坊市比屋皆瓦，野多茅庐，率整朴，不逾制。富家堂寝外，间有楼阁别馆，亦不过丽违式。

服食。除士夫法服外，民间衣帽长短高卑，随时异制。近皆高帽大袖，履舄无等，妇女高髻、长衣、短裳、珠绮之饰，颇侈僭。饮食丰俭称家，燕会则丰肴醇酹，其席面之广狭随宜。

元旦。鸡鸣而起，设香烛，焚楮币，具节食，供拜天地祖先。平明，各卑幼展拜尊长，里邻亲友互拜，闭市三日。其各庙烧香者，自夜半踵接达旦。

元宵。街衢及诸寺庙皆张灯，树灯楼，纵鼓乐，或鸣锣鼓，为傩舞，或各坊巷朋聚，持柄灯，或百人，或五七十人，鱼贯历街衢，旋转以为乐，纵观塞道。自十三至十七夜止。其妇女多于十六夜静时，相携出行，谓之"走百病"，仍以越桥梁为美。

春社。二月遇社日，各坊巷具牲醴祭当境土地神，谓之土地社。祭毕，会饮。秋八月遇社日亦然，主社者每社日一易。

清明。修坟墓，具牲醴拜奠，挂纸钱于墓。祭毕，就墓所饮食之，或缘此为踏青游。其不奠者，亦挂纸钱于墓，而祀于家庙。俗有清明内外十日之说，皆非也，当以本日为节。

端阳。食角黍，饮菖蒲雄黄酒，姻戚以角黍相馈。

五月十三日。俗传为关云长诞日，各坊巷相率以羊豕朋祭而燕，谓之关王会。会首岁易一人。

六月六日。此日晴明，俗皆曝衣、书等物。午炊多尚隔腊饭，腊或相馈遗。

中元。七月十五日，家祭祖先。

中秋。家具酒肴、菱芋、豆角、团圆饼等物，候月出，拜酹焚楮，因而对月会饮，谓之赏中秋，咸相邀饮。

八月十八日。各坊巷以羊豕朋祭城隍，祭毕而燕，谓之城隍会，会首岁易其人。

重阳。家食糍糕，好事者觞萸菊，为登高游。

十月朔。俗谓之十月朝，家祭祖先，修墓挂纸，亦如清明然。

冬至。除士夫朝贺外，俗不拜贺，亦无节馈。

十二月八日。以果蔬之类和米为粥，谓之腊八粥。

二十四日。各扫舍宇，名曰扫尘。晚用饧糖糟豆祠灶，俗传此夕灶神上天。

除夕。换桃符、门神、春帖，祭天地祖先。至晚爆竹杂松炭为燎盆，具香烛酒果迎灶，封井泉，合家属共饮，或卑幼奉尊长，谓之"分岁"，围坐达旦者，谓之"守岁"云。

土　产

《禹贡》十有二壤有五物九等之辨，《周职方》别九土之宜，是物产不能以皆同。今之菽粟，取给东南，而刍牧限于西北，实得此意。六合有土，必有所产，然食之未寡，用之未舒，则民贫，无怪也。故志土产，深有望夫撙节爱养者焉。

谷部

秈稻。糯稻。黑稻。麻秈稻。白稻。麻勧稻。大麦。小麦。荞麦。芝麻。黍。稷。黑豆。黄豆。青豆。红豆。绿豆。茶褐豆。豌豆。蚕豆。

菜部

菁。芥。菠稜。苋。莙达。莴苣。苦荬。白萝卜。胡萝卜。韭。葫荽。葱。蒜。笋。芋。茄。王瓜。冬瓜。丝瓜。芹。茭菜。扁豆。豇豆。

兽部

牛有水、黄二种。马。骡。驴。猪。羊。猫。犬。狼。狐。狸。兔。獐。獾。獭。

禽部

鹅。鸭。鸡。鸽。鹁。雉。鹳。鸦。鸠。鹰。鹞。燕。雀。鸳。鹭。鹙。雁。黄鹂。百舌。鸤鸠。鸳鸯。鹡鸰。鱼莺。

鳞部

鲤。鲫。鲢。鲇。鲦。鳊。白。鳜。鲫。鲦。鳗。鳝。鮰。鲭。虾。

介部

龟。鳖。鼋。蟹。

虫部

蚕。蛇。蚁。蛙。蟆。蚓。蜈蚣。蟋蟀。螳螂。蝉。

果部

梅。桃。李。杏。梨。枣。榴。樱桃。葡萄。莲房。菱。藕。芡。西瓜。

木部

桑。柳。槐。榆。椿。松。柏。楮。楝。桧。柘。枫。桐。冬青。

竹部

笙竹。淡竹。水竹。苦竹。斑竹。

花部

芍药。蔷薇。玉簪。龙爪。鸡冠。菊。玫瑰。荷。葵。萱。

草部

蒹。葭。蒲。茭。稗。莎。蘋。蓼。

药部

柴胡。桔梗。香附。干葛。地榆。菖蒲。苦参。大戟。艾叶。苍耳。何首乌。天花粉。瓜蒌。杏仁。桃仁。益母草。紫苏。牛膝。薄荷。青皮。车前子。枳实。百部。枳壳。茱萸。金银花。地骨皮。天门冬。麦门冬。百合。

服用部

棉。麻。

贡　赋课程附

《尚书》载"厥贡厥赋",《周礼》设"九贡九赋"之则,兹贡赋所由始。汉、唐、宋时,虽皆任土作贡,间亦有逾经常之外者。国初定天下,郡邑贡赋,六合已有制额。岁久民庶则垦田广,而贡赋亦增。顷年乃有变通会一之法,宜民可守者,不可以不志也。课程附。

洪武二十四年额征

夏税大麦正耗一十二石五合五勺。俱民田地塘。

小麦正耗一千三百四十七石一升九合五勺。官二十一石七斗七升六合七勺,民一千三百二十五石二斗四升六合八勺。

农桑三千七百株,征丝三十八斤六两。

秋粮米正耗五千二百八十七石一升二合四勺。官一百四十五石四升四合五勺，民五千四十一石九斗六升七合九勺。

豆正耗二千二百三十八石一斗六升九合八勺。官一十九石九斗一升四合九勺，民二千二百一十八石二斗五升四合九勺。

马草九千二百六十三包三斤三两二钱二分二厘。官八十五包一斤六两四钱，民九千一百七十八包一斤一十二两八钱三分一厘。

永乐十年额征

夏税大麦正耗一十二石五合五勺。官五斗一升三合六勺，民一十一石四斗九升一合六勺。

小麦正耗一千三百九十五石二斗一升四合五勺。官九十石四升六合九勺，民一千三百五石一斗六升七合六勺。

农桑三千七百株，征丝三十八斤六两。

秋粮米正耗五千二百五十八石四斗八升四合六勺。官二百六石三升六勺，民五千五十二石四斗五升四合。

豆正耗二千二百五十石七斗三升八合六勺。官六十八石二升六合三勺，民二千一百八十二石七斗一升二合三勺。

马草九千三百一十八包七斤七两二钱三分二厘。官一百一十九包五斤五两六钱，民九千一百九十包二斤一两六钱三分三厘。

以上见《成化志》。

正德七年额征

夏税大麦一十二石五合五勺。俱免征。

小麦一千五百一十二石一斗四升七合六勺五抄。免征一千八十石四斗三升二合四勺，实征四百三十一石七斗一升五合二勺五抄。

农桑三千七十株，征丝三十八斤六两九钱三分四厘。

秋粮米五千六百五石三斗三升九合三勺九抄二撮。免征四千三十九石二斗一升一合二撮，实征五百六十六石一斗二升八合三勺九抄。

豆二千二百七十六石五斗八升七合九勺一抄。免征一千六百九十五石二斗五升一合四勺，实征五百八十一石三斗三升六合五勺一抄。

马草一万四千四百五包一十两六钱九分四厘。免征七千四百一十五包九斤二两四钱七分,实征六千九百八十九包一斤八两二钱二分四厘。内五千包,每包征银三分,共银一百五十两,解府转解京库;九百九十二包每包征银一分八厘,共银一十七两八钱五分六厘,解府转解南京户部;九百九十七包一斤八两二钱二分四厘,会计或折米、或折银,存留本县。

嘉靖元年额征

夏税大麦一十二石五合五勺。免征。

小麦一千五百一十一石三斗九升七合六抄一撮。免征一千八十石二合八勺一抄一撮,实征四百三十一石三斗九升四合二勺五抄。内二百七十七石起运南京仓交纳;一百五十四石三斗九升四合二勺五抄,每石折银三钱三分,共银五十两九钱五分一毫二忽五微,存留本县。

农桑三千七十株,实征丝三十八斤六两九钱三分四厘。每两折银三分五厘,共银二十一两五钱二分二厘六毫九丝,解府转解京库。

秋粮米六千二十一石一斗五升五合一勺。免征三千四百五十五石四斗一升六合六勺九抄,实征二千五百六十五石七斗三升八合四勺一抄。

豆二千二百七十九石八斗五升九合三勺。免征一千六百九十五石二斗五升一合四勺,实征五百八十四石六斗七合九勺。

劝米四百六十六石八斗九升九合四勺四抄五撮。

马草一万六千三百五十一包六斤一十五两五钱八分七厘。免征、实征并解纳,与正德七年同。

嘉靖十一年,额征与元年同。

嘉靖十六年,奉巡抚都御使欧阳会议均摊官田每亩麦米耗共均一斗五升,地共均一斗四升,塘共均一斗一升,民田地实征麦米每亩共均九升六合,塘共均七升。麦每石准米八斗,丝每两准米七升,草每包准米五升五合八勺,每米一石准银五钱。

夏税正麦四百三十一石八斗五升九合七勺五抄。起运三百一十一石,折银一百二十四两四钱,解府转解户部,存留一百二十石八斗五升九合七勺五抄,折银四十八两三钱四分三厘九毫,解府。

农桑三千七十株,该丝三十八斤六两九钱三分四厘。折绢三十一匹,每匹折银七钱,共银二十一两七钱,解府转解南京户部。

秋粮正耗平米四千五百八石四斗八升二合八勺。本色米二千四百三十五石一斗六合九勺七抄五撮三圭六粟,兑军米一千七百二十石六斗,南京卫仓米九十三石五斗六合九勺七抄五撮三圭六粟，本县俸给仓米二百五十石，儒学仓米七十一石，折色连荒白银八百一十五两八钱二厘四毫五丝二忽二微二纤，荒白正米一百石三斗四升八合，每石征银二钱五分，共银二十五两八分七厘，过江脚耗芦席楞木松板二四轻赍共银二百六两八钱七分一厘四毫二丝五忽，北运京库草五千六百七十包，每包折银三分，共银一百七十两一钱，南京户部定场草一千一百四十二包，每包银一分八厘，共银二十两五钱五分六厘，存留草一百八十六包一十三两二钱八厘，该银三两三钱四分九厘四毫八丝五忽九微，解府。带征里甲银三百三十三两三钱二分三厘，本县遇科贡、祭祀、乡饮之类，取用盐粮无闰银四十二两一钱九分二厘，解府。拨剩银四十三两三钱三分四厘二毫一丝四忽一微，解府。

嘉靖二十一年、三十一年，与十六年同。

本县房地赁钞每年一百五十二贯四百文。本色七十六贯二百文，折银四分五厘七毫二丝，折色七十六贯二百文，折铜钱一百五十二文四分，解府转解户部。

历日黄纸一万五千四百七十张。共该里甲官银七两七钱三分五厘，每年解府转解钦天监。

芦洲课银一千二百二十九两六钱五厘五毫九丝一忽八纤。河西老洲银四百二十两三钱四分，草洲银九两，团洲一处银二十四两四钱四分四厘，一处一十五两五钱二厘七毫八丝七忽，柳州银二十两二分五厘九毫三丝，扁担洲一处银二十三两二分四厘七毫五丝，一处三十两二钱四分六厘，白沙洲银六十四两六钱四分三厘三毫八丝八忽，杨家嘴洲银六两九钱六分八厘四毫八丝，琵琶头洲银二十二两八分七厘六毫，菱角洲银一两九分一厘三毫，鸡心洲银三钱二分八厘，斗沟鸡心洲银四十二两二钱一分八厘四毫，扁担斗沟洲银四十两二钱八分六厘一毫四丝四忽，王家沟洲一处银二十九两八钱三厘三毫，一处银六十两六钱五分七厘八毫二丝，白沙老洲一处银四十九两四钱八分八厘，一处银四十九两九钱九分四厘五毫四丝，白沙小猪头洲银三十两八钱五分，白沙裙边洲银九十八两一钱三分五厘一毫五丝，瓜埠对岸洲银一两七钱七分八厘，土名洲课银二十一两六钱一分二厘，新生沙滩洲银九两一钱四分六厘，离江洲一处银二十三两四钱五分六厘二毫二丝二忽六微，一处银六十三两九钱七分一厘八毫六丝，夹圩洲银二十一两九钱六分三厘三毫，离江下沙滩洲银四两六钱五分九厘八毫，滁河西岸洲银一两六钱六分六厘六毫六丝六忽，龙池地银三两四钱。已上芦课，旧止每年征五百六十两三分九厘六毫五丝六忽。嘉靖二十八年，知县邵漳奉例清查开垦起科，共银一千余两，每年征完，解府转解南京户、工二部。

按：本县旧于里甲银内岁办肥猪羊鹅银九十六两，二季解府转解光禄寺。自嘉靖十六年奉巡抚欧阳会计分派溧阳等大县征解，嘉靖二十九年本府坐派太医院苍术三千八百五十斤，本县每年支里甲银一十九两有余，佥解户一名，领至句容县办买，赴府转文解京交纳。议者谓苍术产于句容，办纳反归于六合，彼闻买办则坐索高价，挂号称晒之费虽几倍其原数，而府院交纳犹云不足，四处赔补，约用银百两，议将苍术仍归解于句容县出产地方为便。况本县先以小邑除解肥猪银两，今复因句容坐派苍术，是苏于彼而困于此矣。此亦今日之急务为民，上者其念之哉？

税课局酒醋课钞，每年额办四百七十七贯一百二十文。本色钞二百三十八贯五百六十文，每贯折银六毫，共银一钱四分三厘一毫三丝六忽，折色钞二百三十八贯五百六十文，每贯折钱二文，共钱四百七十八文，解府转解南京户部。

商税钞，每年额办二万七千六百五十一贯六百文。

按：《成化志》载，洪武二十四年，商税课钞一万六百八十五贯一百二十三文；永乐十年，商税钞二万五千七百八十六贯三百八十文。自此以后，志无考载。嘉靖八年十一月，知县何宏奉例将本色折色每贯各折银三厘，共银八十二两九钱五分六厘六毫，本县每季佥发巡栏八名或六名下局，征收解县，以备协济江浦县接递夫价银五十两，余皆作正支销。嘉靖二十五年，知县邵漳申为薄税课充驿传，以革宿弊，以均支应，事具申抚按，准于均徭内编佥巡拦八名，即充馆夫到□置立循环簿籍，稽考盈缩，将征收正余之数通解赴县，内除棠邑驿应付，余皆作正支销。又查本县每年赋役里甲公用银五百八十两七钱八分四厘，除秋粮带征三百三十三两三钱二分三厘，通县人丁每丁征银一分七厘，共银二百四十七两四钱六分一厘，具申抚按准将该局解到，余银约有三百余两，抵补里甲免派人丁，至今行之不易。但迩来北河淤塞，官员使客皆由六合关文借名，舍人口粮止于三分，而所支有廪给下程及饮食中火之类，为费甚多，用是馆夫赔补殆无虚日，劳瘁已极，知县董邦政甚悯之，届行乃复汤猪税，其门摊旧税及协济江浦江淮之银，以行急未遑请兴革云。

瓜埠巡检司每年额办船料课钞五万四千六百一十一贯。每贯折银六毫，该银三十二两七钱六分六厘六毫。

按：瓜埠南接大江，四方船货入六合者，必经其地，而岁办船料钞则征于船户，本县逐月佥发铺户一名到司征收，按季解县转解南京户部，所收止办正数，余皆侵为已有。嘉靖二十五年，知县邵漳申准抚按操巡衙门除正数外，余银内每年将二十两修理巡船，以慎江防，四十两买稻备赈，每月佥本县大户收解。三十年，知县董邦政照旧每月佥报，以异地之民居六合罔利而无差者充之，民皆称便。

瓜埠三汊河泊所每年额办鱼课船料钞三万二千五百四十八贯九百文。每贯折银六毫，该银一十九两五钱二分九厘三毫四丝，解府转解南京户部。

黄白麻鱼鳔翎毛岁办共一万三千二百三十七斤，根三两六钱。黄麻一千二斤八两二钱，每斤征银二分二厘，白麻一千二斤八两二钱，每斤征银三分，鱼鳔三十二斤三两二钱，每斤征银七分，翎毛一万一千二百根，每百根征银四分八厘。旧皆征银，嘉靖二十九年，征解本色赴府转解工部。按：《成化志》载，洪武二十四年，办解过鱼课钱钞三万七千一百三十三贯五百八十文，铜钱一十万六千三百八十文贯①，钞二万七千二十七贯二百文，本年带办鱼油四千三百一十一斤十四两四钱，折收黄白麻四千三百一十一斤四两四钱，鱼鳔八十九斤一十三两三钱，鲟鱼二千三百二十五斤，鲤鱼二千三百二十五斤，杂翎毛四万三千一百一十九根。永乐十年，办过鱼课钞三万二千五百四十八贯九百文，本年带办鱼油四千三百六十二斤五两，折收黄白麻四千三百六十二斤五两，鱼鳔九十一斤，鲟鱼二千斤，鲤鱼二千斤，鲼鱼一百五十斤，杂翎毛二万九千八十二根，及进贡鲥鱼，以后志无考载。迩来每年元宵前，办看灯鲦鱼十三尾，送南京尚膳监。冬至前，办巧白鱼四十斤，送南京太常寺，致荐奉先殿。清明、霜降前，各解鱼户十六名，船十六只，网十六扇，赴府转解南京内守备，发厂采捕鲥鲜，及做鲊、鲟、鲼等鱼类总进贡。十二月，解鱼户二十名，船十只，丝网十八扇，围网二扇，采捕后湖并朝阳门等处城河鱼鲜，送内府二十四衙门内臣俵用。春秋二仲月，各办藁鱼十尾，鲊鱼十斤，送县应祭。

徭役

力役之征，古今通义。然郡邑虽有定额，时或因革，则稍为增损，实生民休戚所系。呜呼，宽一分则民受一分之赐，尚深念之哉！

县一十九里，里统十甲。凡甲为里长一，甲首十。凡里为里长十，甲首百。历十年轮役一次。里长十有九人，甲首百有九十人。有事则县责之里，里责之甲；贡赋则甲输之里，里归之官，此为正役。

按：各里旧有入柜白银，共三百余两，及每里出脚力马一匹。其银嘉靖丁酉巡抚欧阳公例革止，于秋粮内带征。其脚力马尚每年一买，里长役满则马为己有，民以费出为患。嘉靖乙巳知县邵漳始将马给次年里长轮领，遇有损折，则十九里合买补足，每岁易马不及二三匹，自是二事革，里长止应差役，无奸弊，而甲首免科派之繁矣。

均徭五年一编，驿传及民壮十年一编，其余佥点诸役则一年或一月一更，是为杂役。

本县直堂皂隶十八名。门子二名。库子二名。禁子六名。

---

① 贯：疑为多出衍文，或当在“三百八十文”前。

察院门子二名。

公馆门子二名。

县仓斗级一名。

预备仓斗级二名。

儒学门子四名。库子二名。

学仓斗级二名。

棠邑驿库子一名。馆夫八名。

课税局巡拦八名。充巡拦者即充馆夫，旧皆逐季佥报，至知县邵漳始编入徭役。

瓜埠巡检司弓兵四十六名。旧额五十名，内四名句容县编发。往岁因虏报，奉操江衙门明文减扣四名，工食银存府，以备游兵之用。近日边事已靖，江盗窃发，操院仍欲复原数云。铺司七名。铺兵二十八名。巡江察院皂隶一名。巡仓察院皂隶三名。屯田察院门子一名。已上皆力差。

知县祗候皂隶四名。每名征银一十二两。马夫一名。征银四十两。

典史祗候皂隶一名。银十二两。马夫一名。银四十两。

儒学膳夫二名。每名银二十四两。斋夫六名。每名银十二两。

江浦县江淮驿馆夫三名。每岁解银六十两。以上皆银差。按：均徭五年一编，量丁粮为轻重。民壮七十名。十年一编，专以站粮均派。群长五名。

医兽五名。马五群，每群群长一，医兽一。群长则本府五年一编照丁粮，医兽则本县十年一编，专照人丁。

老人一十九名。每里一名，旧多积猾，知县董邦政乃革退，慎选素有乡行，众所推服者应役，遇有轻讼，批委勘报。

木铎老人一十九名。在各里振木铎，诵教民榜文。

浮桥老人一名。专司启闭。

俸给仓老人一名。

盐惠仓老人一名。

预备仓老人一名。以上老人亦择良民老成者，逐年佥报。

东沟老人二名。旧一名，统民壮三十五名，近知县董邦政添设一名，择练事强健者使协助瓜埠，以防江寇。

军书手一十九名。

民书手一十九名。

四门总甲九名。每名统小甲三名。小甲二十七名。听命总甲，专司门禁、锁钥及地方军事。以上俱逐年佥报。瓜埠铺户一名。每月佥报，择居民忠实者。门夫一千一百余名。

按：夫役旧皆出于里甲，嘉靖八年知县何宏因本县地当冲要，乡民疲于奔命，而城市多商贾，乃即市廛，量其室庐，编充夫役，以苏里甲，此亦便民。但顷者北河淤塞，士大夫往来者悉由六合，迎送之繁倍于往昔，况居民迁徙不常，逐末者无厚利，民日益困。议者以为江浦虽要冲，不若六合四通八达之道，本县乃协济夫银五十两，江淮驿馆夫三名，除革以助夫役，实今日通变宜民之急务也。

驿传

棠邑驿上马一匹。中马一匹。驴一十头。

滁州大柳树驿上马三匹。

江浦县东葛城驿驴三头。以上本县皆照站粮均编，十年一次，其棠邑驿马驴各处编来，附见于后。

扬州府泰州上马二。中马三。下马一。

上元县下马一。

溧阳县上马一。下马二。驴三。

溧水县中马一。驴四。

句容县上马一。下马一。驴三。以上皆各州县编发棠邑驿走递者。

按：本县棠邑驿原额上中下马一十一匹，成化间知县唐诏因走递不敷，将上马一匹改设驴十头。嘉靖六年驿丞欧阳京申请巡抚衙门添设上中下马五匹，驴十头，今见该上中下马一十五匹，驴二十头，使臣络绎，供送不敷，日必额外雇益以应之，驿卒不堪，必再益念马，始克有济，为民上者，其念之哉。

防　卫

障险为防，设兵为卫，此防卫之别也。合而言之，则阻险隘而设兵以守，防外以卫内，其义一也。六合防卫，前代无考，惟在宋颇重。至国朝为都城近地，而条设殊简。近年江洋盗起，任境土之责者，乃多方布置，以为保御之计，要之存乎时，存乎人焉耳！志之以告将来。

宋

步军司。绍兴间置，其制不可考。

忠勇军。额一千人。

沿江巡检司。

管界巡检司。土军三十二人，尉司弓手一百二十人。

万弩手。又号义武民兵，额二千二人。总辖一人，总首二人，首领四人。

保甲。以若干人为一队，凡三十三队，一百三十三甲，队有长。

教场二。

甲仗库一。

回阳库一。

军庄十。

作院二。步军司一，忠勇军一，皆治铁作。已上俱绍兴、开禧、淳熙、嘉定间真州太守丰有俊、六合县令刘昌诗等陆续置处，见《嘉定志》。

国朝

本县教场一所。在北门外。

巡捕官一员。典史专理，遇缺则于属官内委管。

民壮七十名。原额九十五名。嘉靖三年，知县金克厚以邑小民贫，申革三十八名，止存五十七名。十二年，知县茅宰申添今数。

瓜埠巡检司。在瓜埠口，防御江上盗贼，凡入埠口船只，盘诘奸弊，征收钞税。

弓兵五十名。旧设四十名。嘉靖八年，巡抚都御使陈裁革十名。十五年，巡检张景隆申添五十名，内四名系句容县编拨。嘉靖二十九年，操江都御使李减扣句容四名，征银存府，止存四十六名。今当江贼窃发之时，理宜申复照旧编补，以助江防，其弓兵旧皆民间雇充备数，贼至惟有畏缩走避耳。近年知县董邦政皆择骁勇之人充之，武备振起，有警报，扬舲出剿。

东沟防守。在大江边，与仪真接界地方。嘉靖初年，提督操江都御使孙以江上多盗，添设于此。

官一员。旧于杂流官内委管，后以老人代之，支给里甲工食银一十四两四钱。嘉靖三十年，知县董邦政谓江洋广阔，贼患不时，孑然一人，支持颇艰，议申操巡添设老人一名，以本院赃罚银补凑，每年各给银十两，俾得协力云。

民壮三十五名。于本县数内调遣。

已上俱系旧设。嘉靖三十年，知县董邦政以瓜埠及东沟二处地远势分，卒难调取，东沟之守并于瓜埠，由是瓜埠之势重而贼不敢窥伺矣。

新设防御

水关一座。在瓜埠。嘉靖三十二年，知县董邦政新置，详见“关津志”。

巡船八只。巡检司旧有巡船敝坏，时水贼皆驾沙船，以其剽疾易使，操巡衙门行文禁捕，知县董邦政捉获双桅沙船，稍加彩绘，用之以便战斗，易于追捕。民兵有据，贼人畏避，其所获沙船甚多，除调发仪真守备新江口营、建阳卫江东巡检司及仪真县等处备用外，其余修理完固，见今瓜埠五只、东沟三只，什物器械俱全。

盔。

甲。

弓。

箭。

刀。

枪。

叉。

扒。

丫篙。

佛朗机。

磨盘铳。

鸡脚铳。

延膝铳。

手铳。

大神枪。

小神枪。

神箭枪。

喷枪。

药弩。

毒药喷花。

起火。

火棒头。

铅弹子。

石灰瓶。

旁牌。

铁斧。

挠钩。

火药桶。

已上俱知县董邦政申允置造，其人皆简选，器皆精利，不时操演，一有警则躬率战捕。嘉靖三十年，射杀渠魁，败其徒丑，江上遂宁。三十一年冬十二月，贼乘间以沙船五只，率众为暴，复躬率战捕杀，获首级二，生擒贼首一，其余为火药弓矢伤仆落水者无数，贼败走，追至黄天荡，夜遁。

骁勇二百九十名。嘉靖三十年，知县董邦政选择于本县防卫，遇江洋有警，则调用之。

保甲。城市及各乡村排门以十家为一甲，甲有长，十甲为一保，保有长，互相觉察，各备器械。遇有警，则甲长鸣锣以聚各户，保长放铳以聚各甲，协力剿捕，获贼者有赏，不至者有罪。按：此法嘉靖三十一年知县董邦政奉上司明文建立，着实行之，果获奸盗，于地方有益。

当众。圆木二，周植以钉，略如猬刺状，遇街衖转折处，骑街二方木，至夜以钉者横锁于上，悬置相停，人触之辄钩刺，莫能脱，旦则撤去。旧境内多强窃患，至是屏息。嘉靖三十年，知县董邦政始立。

按：六合内无城池之险，外有江寇之虞，所恃者惟防卫之法耳。自知县董邦政设备，战胜守固，江洋宁谧，邑里外户不闭，一方赖之，后宰邑者尚继其绩云。

孳　牧

《周礼》校人掌王马之政，以辨六马，牛人掌养国之公牛，以待政令。马牛之为国用，尚矣。国朝马政则总之于太仆，而孳牧皆属之近地，其备太官之牛亦与焉。六合之孳牧有定制，故志之。

额养种马二百四十匹。儿马四十八匹，骒马一百九十二匹。

岁办本色马二十三匹。征银五百五十两，官验买马解兵部。

折色马二十五匹。征银四百五十两，解府类解太仆寺。

养马则例。每养儿马一匹，人十丁，骒马一匹，人十五丁，通计三千三百六十丁，岁办马价草料，皆出于丁。旧法编丁数外，余丁皆不养马，嘉靖十年知县芽宰通以概县人户攒作丁数，惟上上者领马，上丁二攒一，中丁三攒一，下丁四攒一，咸为津贴，贫富适均，官民称便，至今因之。

额养种牛二十二只。犍牛五只，母牛一十七只。

养牛则例。旧法每养牛一只，人十丁。有田者赖其耕作，无田者获其租利。牝牛一只三年止科犊价银三钱，听印马院寺支解。近知县董邦政以养牛获利，减其津贴，将牛拨给有田无力之家领养，以资农业，民皆称便。

牧马草场一十九处

板桥上场。田地八十七亩三分，在县北四五都四图地方。

黄荆场。田地三十四亩八分，在下三都三图地方。

草塘场。田地一十七亩五分，在东里一图地方。

灵岩场。田地一顷四亩，在东二都一①图地方。

方山场。田地七顷四十七亩五分二厘六毫，在东二都二图地方。

板桥下场。田地八十一亩四厘六毫，在东二都四图地方。

练山场。田地一十七顷二十三亩三分，在北四五都一图地方。

沈家湖场。田地三十七亩九分，在北四五都三图地方。

瓦梁场。田地六亩七厘，在南四五都二图地方。

葫芦套场。田地四顷八十五亩六分，在南四五都三图地方。

盘城场。田地九顷四十一亩八分，在上三都一图地方。

柴沟场。田地八十七顷二厘，在下三都一图地方。

长芦场。田地九十四亩三分二厘六毫，在下三都二图地方。

高桥场。田地三十九亩，在西里二图地方。

---

① 一：底本缺，据《万历六合县志》补。

西洋场。田地一十五顷四十亩三分，在东二都三图地方。

拆塘场。田地一顷三亩七分，在北四五都二图地方。

九里平场。田地八十一亩，在南四五都一图地方。

大德场。田地九十亩，在上三都二图地方。

广洋场。田地一十五顷九亩，在上三都三图地方。

已上草场俱民佃垦，计亩入租，解府以备荒歉，代民岁办马匹。原设马神庙、马监，俱在县治东，详见“祠祀”“公署”。

带管滁州卫种马二十匹。儿马四匹，骒马一十六匹。

岁办本色马一匹。征银二十四两，官验买马解兵部。

折色马三匹。征银五十四两，解府类解太仆寺。

养马军田七十七顷七十六亩。佃种者养马及出办马价不别佥丁。已上马牛俱南京太仆寺印马察院印烙，额数内有亏损，旧俱马头买补。知县董邦政令即于本群孳生驹犊内补印，仍严禁私相负乘及盗卖，按季点视肥瘠，以别劝惩，由是孳牧茁壮，其每年岁解马匹，俱在额养数外。

惠政

惠鲜鳏寡，赈荒恤民，皆王政之所先也。国朝例设养济院，以收惸独，建预备仓以备敛散，岂非惠养元元之意耶？布德宣惠，则存乎良有司云。

养济院。在县治北卧佛寺前。洪武八年，县丞徐昭文建于县西，后废。成化六年，知县唐诏重建于今所。原设官厅一座，年久倾圮，住房东一路亦崩塌，西一路毁于火。嘉靖二十九年，知县董邦政重建房屋，收养孤老，穷民得所。所建房屋计于后，王侍御有记，见后《文类》。

官厅三间。东西住房一十八间。门楼二座。墙垣一围。

预备仓。旧有四所，其东、西、南者，皆久废，今止有北仓，在县北门外，国朝时未详何年建。嘉靖三十年，知县董邦政以本仓廒少谷多，即倒塌东廒基址另建新廒四间，积贮稻谷。

正门一座。南廒四间。北廒三间。新廒四间。西廒四间。东廒四间。官厅一间。管仓老人一名。

盐惠仓。在县东北，旧无此仓，本县折盐铺户，每引纳银七分入官。嘉靖二十七年，知县邵漳申将此银令盐户买稻，上仓备赈，以玄坛庙改建盐惠仓贮谷。嘉靖三十一年，知县董邦政以廒少谷多，于东首空地另建廒房四间，以广储蓄。

正仓三间。新廒四间。正门一座。管仓老人一名。

古　事

古事志，志吾邑之旧事也。其事散见于史册，人或未能尽知，故汇著之。后之人见其善恶，可以知劝惩，睹其利害，可以知趋避，相时揣势，未为无补云。

春秋

襄公十四年，楚子遣子襄师于棠，以伐吴。

昭公二十年，楚人伍子胥求棠人专诸归于吴。

汉

永兴元年，广陵贼张婴反，攻杀棠邑长。冬十一月丙午，中郎将滕抚击婴，破之，寻伏诛。

三国

吴赤乌十三年，遣军十万作棠邑滁塘，以塞北道。滁塘，或作“途塘”，未详。

晋

永嘉元年，琅琊王睿、西阳王羕、汝南王佑、南顿王宗、彭城王纮于瓜步渡江而南，童谣云：“五马同渡江，一马化为龙。”按：五王渡，一云在宣化镇，一云在瓜步，未详。

南北朝

陈祯明二年，隋命晋王广为行军元帅，出六合。

隋

开皇九年，晋王广屯六合镇桃叶山。

大业十二年，唐将杜伏威屯六合。

唐

广明元年秋七月，黄巢自采石渡江，围天长、六合。

五代

周显德二年，宋太祖伐南唐，唐王景达将兵三万自瓜步渡江趋六合，太祖大破之，杀获五千余人。

宋

绍兴二年，金兀术南侵，统制岳飞邀击，败之于六合。

隆兴二年，虏犯淮，郭振战于城西。

景炎元年，大丞相文天祥与真州守苗再成议以扬州兵取六合。

元

至正十四年秋七月，脱脱分兵围六合，我太祖高皇帝帅师与耿再成守瓦梁垒，数战，元兵引去。

灾　祥

《尚书》以敬用五事，别休征咎征，《周礼》保章氏以五云之物，辨吉凶水旱，降丰荒之祲象，是故天人感应之机，捷于影响，良可谓也。六合自为邑以来，灾祥不一，庸志以为为政者告。

晋太元二十年，长星见女须分。

唐总章元年二月，江淮旱饥。

开元十四年秋，大风自东北，海涛没瓜步。

上元二年九月，江淮大饥。

咸通九年，江淮旱蝗。邑令康□以身祷雨，跨白马入江而死，雨遂霑足，岁乃大熟。邑人立祠以祀。见宋《嘉定志》，今失其名。

宋乾德二年四月，扬州扬子等县潮水坏民田。

乾道二年冬，真州六合县武锋军垒火。

嘉定八年四月，北[1]境飞蝗越淮而南。江淮间蝗食禾苗、草木殆尽。

国朝正统十二年夏，大蝗。知县黄渊斋沐，诣城隍庙恳祷，次日蝗不复见，是岁大稔。

成化十一年，火从邑西延烧而东，凡千余家。西自玄真观，东至仁和桥始灭，知县唐诏向火亟拜，县庭仓库竟不火。

弘治三年冬，大雪三十余日。

---

① 北：底本字不清，据《万历六合县志》补。

正德十二年五月至六月，大雨。约四十余日，滁水泛涨，街衢乘舠筏以通往来，坏民庐舍不可胜纪。

十六年春，产白鹊二，夏麦有两穗者。二月间，东北乡民戈秀得白鹊雏二，持献于县。夏五月，复有持麦一茎两穗报者，时人称二瑞以贺，知县林幹辞曰："瑞在民安，民生且未遂，何瑞之贺？"

嘉靖元年秋七月己巳，大风。屋瓦漫飞，树木皆折。

二年夏秋，旱，大饥。自冬至次年夏，大疫。米价腾涌，贫民多啖草根树皮，街市饿殍枕藉，人有相食者。

八年秋，大蝗群飞蔽空。

十一年夏五月，蝗。蝗遍四野，食禾遗蝻，百姓愁苦，知县茅宰令乡民捕蝗，有负蝗至者，抵斗给之谷。自是民皆争捕，积蝗盈县墀，民赖以不饥。公复为文告庙驱蝗，见《文类》。

十六年夏五月，大水。

十八年十二月，雨冰，树木多折。

二十九年秋七月，蝗。蝗飞蔽空，知县董邦政以公出至独山，见之，即下车拜祷。至县斋沐，徒步洁牲，率众为文祷蜡三日，蝗皆远去，或抱芦投水而死，不伤禾稼。祷文见《文类》。

三十年夏五月，不雨。禾苗将枯，百姓愁叹，知县董邦政斋沐徒步，率众祷于城隍，雨遂足。祷文见《文类》。

三十一年夏五月，旱。秋七月，疫。知县董邦政斋沐祷雨，雨足。至秋，民感暑湿，蒸为疫疠，复斋戒祷神，命医施药，疫顿消除，民以瘳。驱疫文见《文类》。

三十二年春二月，火。木气乘王，经旬不雨，民居数见火灾，知县董邦政为文祷祝融神，逮三日，大雨雷电交作，火灾顿息，民始奠居。仍为文祭谢，二文见《文类》。

六合县志卷之二终

六合县志卷之三

宫室志

公　署

《国语》云:“署,位之表也。”有位必有署,署而曰公,则以坐此地者,怀公心、布公道云耳。於戏!其无间之以私哉!

县署。按:宋《嘉定志》,县衙旧在城南门里街西,建炎前有御书、鼓角二楼,盖昔时州郡之制也。绍兴辛巳,毁于兵火,寓于城北。嘉定七年,令刘昌诗创造有敕书楼,宣诏、颁春、清风三亭。国朝《成化志》,洪武元年,知县胡有源迁于滁河北岸,鼎新建立。后因木朽瓦坏,知县林至重建。正德间,知县万廷理、李楚各重建,规模宏大矣。事见杨太仆碑记。

正厅五间。东楹为银库,西楹为册库。

穿堂二间。

后堂五间。

左右廊房各三间。

赞政厅三间。

吏户礼房承发科共九间。

兵刑工房马政科共九间。

仪门三间。

东西耳门各三间。

正门鼓楼一座。

架阁库三间。

土地祠三间。

狱房一十四间。

知县衙门楼一座。

厅堂五间。

后房五间。

书房三间。

厨房三间。

典史衙门楼一座。

厅堂三间。

后房三间。

厨房三间。

东西吏舍共三十间。

外三门东西各一，南即宣化坊。

税课局。旧在县治东南。洪武初，知县陆梅创立。正统间，奏革。景泰间，巡抚工部尚书周忱奏复，知县黄渊择县治前街西隙地建之。成化十九年，大使杨志孝修。弘治十年，大使王靖修。正德六年，知县万廷珵重建。嘉靖十四年，知县茅宰修。

门楼牌坊一座。

厅堂四间。

书房一间。

卧房四间。

马房三间。

厨房二间。

瓜步巡检司。在县东南二十五里瓜步山下，吴元年开设。旧址去河半里许，观音堂后。洪武初，知县胡有源建，未详何时徙今处。嘉靖二十九年，知县董邦政见墙舍圮坏，设法修建，规模整饬矣。仍建水关，以为防卫，详见“关津志”。

门楼一座。

正厅五间。

土地祠一间。

后房五间。

马房一间。

棠邑驿。在县治东。洪武间知县陆梅建，成化间知县唐诏重修，嘉靖初知县何宏、二十二年知县黎循典各重修建。

正门三间。

二门一座。

正厅三间。

前轩三间。

穿堂二间。

耳房三间。

东西厢房各三间。

厨房三间。

卯厅三间。

马房十间。

左右耳房二间。

架阁库二间。

系马凉房一间。

瓜埠三汊河泊所。在县治东一里许。国朝丙午年①所官苏守正建立。

门楼一间。

正厅三间。

后房三间。

架阁库二间今废。

阴阳学。在县治前直街之东。洪武间开设，初任训术王原建。

正厅一间。

---

① 国朝丙午年：据本书卷四记载苏守正洪武间任瓜埠三汊河泊所所官，考明洪武年间（1368—1398）并无丙午年。另《顺治六合县志》卷二记载“瓜埠三汊河泊所在县东滁河边，正德丙午年所官苏守正建。”考正德年间（1506—1521）亦无“丙午”，与《顺治志》卷四记载苏守正洪武间任瓜埠三汊河泊所，前后矛盾，“正德丙午年”显然有误。查与洪武纪年最近的“丙午年”为洪武纪元前二年（1366年，即元至正二十六年），此时朱元璋已经占领六合，可能此时已设置瓜埠三汊河泊所。

医学。在县治前直街之东，阴阳学南。洪武间开设，训术张仲刚建。嘉靖元年，知县林幹重建。

门楼一间。

正厅一间。

僧会司。洪武间开设，僧会海建立于长芦寺，后废。今即僧会所居寺为署。

道会司。国初原未开设，成化十二年知县唐诏奏请建立于玄真观，荐本观道士胡应聪为道会，以领其众。今即道会所居庙为署。

察院。在县治东，洪武十一年创建，成化十一年，知县唐诏重修。嘉靖十二年，知县茅宰重修。二十六年，知县邵漳修。

正门三间。

二门一座两旁有耳门。

正厅三间。

抱厅三间。

东西厢房各三间。

穿堂二间。

后堂五间。

东西耳房各三间。

外东官厅三间。

西官厅三间。

门楼一座。

厕房一间。

公馆。在察院东。弘治间，知县翁谏建。嘉靖八年，知县何宏重建。二十六年，知县邵漳修。

正门三间。

二门一座两旁有耳门。

正厅五间。

东西厢房六间。

穿堂二间。

后堂五间。

东西后厢房四间。

外东官厅二间。

西官厅二间。

马监。在县治东马厂内。洪武间建，为管马官点阅之所，有正门、二门、正厅及东西马房。成化间主簿王瑄修造，后因主簿革，渐圮，今废。

县仓。旧在县署正门内。正德八年，知县万廷理徙建县治外税课局西。

门楼一间。

官厅一间。

正廒五间。

东廒二间。

西廒二间。

东预备仓。在县东五里。

西预备仓。县西二十五里。

南预备仓。县南二十五里。已上三仓今俱废。

北预备仓。见“惠政”。

盐惠仓。见“惠政”。

库二间。即公堂之东西楹。

申明亭。在县正门外东向。洪武中知县陆梅建，正德间知县万廷理建。

门楼一座。

正亭三间。

旌善亭。在县正门外西向。洪武中知县陆梅建，正德间知县万廷理重建，日久倾圮。嘉靖三十一年，知县董邦政建楼三间，大书邑人善恶，关注板榜，悬之左右，以示劝惩。

门楼一座。

正楼三间。

各里申明、旌善亭。洪武中知县陆梅建，今俱废。

养济院。见“惠政”。

县前总铺。在县前直街西、税课局北，成化间知县唐诏建。

门楼一间两旁[1]披杉栏。

正房三间。

邮亭一座。

北厢房三间。

南厢房三间。

马桥铺。在县东十里，成化间知县唐诏建。

门楼一间两旁披杉栏。

正房三间。

邮亭一座。

东厢房三间。

西厢房三间。

厕房一间。

堠子铺。在县东二十五里，成化间知县唐诏建。

门楼一间两旁披杉栏。

正房三间。

邮亭一座。

东厢房二间。

西厢房二间。

厕房一间。

林家铺。在县南一十五里，成化间知县唐诏建。

门楼一间两旁披杉栏。

正房三间。

邮亭一座。

东厢房三间。

西厢房三间。

厕房一间。

---

① 旁：底本作“榜”。“公署”部分“旁”“榜”“傍”混用现象较多，窥其文意皆为“旁”义，径改为“旁”。

梁塘铺。在县南四十五里。本县至江浦中火处，成化间知县唐诏建。旧铺简陋，使客止宿多即民居。嘉靖三十一年，知县董邦政添设重建，房屋整好，墙围完固。朱正郎有记，见《文类》。

大门楼三间两旁披杉栏。

中门楼一座两旁各有耳房。

正厅三间。

东厢房三间。

西厢房三间。

东西厕房各一间。

骆家铺。在县南六十里，成化间知县唐诏建。

门楼一间两旁披杉栏。

正房三间。

邮亭一座。

东厢房三间。

西厢房三间。

程家桥铺。在县西二十五里。成化间，知县唐诏建，坐落偏僻，年久倾圮。嘉靖二十九年，知县董邦政移于近镇建造，房屋墙围一新。

大门三间。

正厅三间。

中门楼一座。

东厢房三间。

西厢房三间。

厕房一间。

庙　学社学附

庠序学校，三代所重，而孔子之道，万世师焉。国朝定天下，首令郡县建学立庙，有以也。世之士，为忠孝、为节义、为功业文章，孰非由学校而师孔子者耶？兹故不以文庙列祠庙，不以儒学列公署，特志以表之。社学亦司教之所，故附。

儒学。唐光化中在东门街北，咸通中徙河南牛市街，复以其地潟卤，移县治之东。宋治平间移城东百步，临滁河，为水所侵，又徙县西高冈之上。历建炎兵火，仅有遗址。绍兴甲子，暂寓县东古官舍，后复毁，遂因经藏废院为学；己卯，复即旧址修建。绍熙癸丑，知县郑缜开拓鼎新。嘉定七年，知县刘昌诗重建，后废。国朝洪武五年，知县陆梅创立。正统间，知县史思古、黄渊相继修葺。成化五年，知县唐诏复构造完美，棂星门外阻于民居，倍以金购其地，立门三，扁曰“泮宫”，而学始南接滁河矣。正德九年，知县万廷理重修，规制大备。嘉靖二十二年，知县黎循典修两庑神厨库，建奎壁联辉楼，其庙、祠、堂、斋、号、射圃之类，皆岁久倾颓甚者，半露天日间，有覆地仅存遗址。嘉靖三十年，知县董邦政逐一营建，树筑之坚，彩饰之绚，顿为改观。已上各修建，俱有碑记，见《文类》。

文明坊。三拱俱石。成化间，知县唐诏建以木，名曰“泮宫”。正德八年，知县万廷理属耆民李鉴以石易之。嘉靖十二年，知县茅宰重修，改今名。嘉靖三十一年，知县董邦政于坊之前后甬道圜以木栅，植以松桧。

棂星门一座三拱以石建之。

戟门七间知县董邦政重建。

先师庙五间。旧名大成殿，先师、四配、十哲，皆塑像。嘉靖十年，奉例设木主，改今名。知县董邦政重建。

两庑共二十间。

神厨三间在庙西庑北。

神库三间在庙东庑北。

正门三间。

奎壁联辉楼三间即学之二门，嘉靖二十二年知县黎循典建。

达道门一间知县董邦政重建。

由义门一间知县董邦政重建。

明伦堂五间有卧碑一通，在堂东壁间，知县董邦政修建。

日新斋五间斋内有科甲、岁贡题名二扁，嘉靖三十一年训导徐梦熊立。

时习斋五间二斋俱知县董邦政重建。

穿堂二间。

会讲堂五间。

敬一亭。旧系尊经阁。嘉靖十一年，知县茅宰改为亭。已上堂亭，俱知县董邦政修建。

师宅门一间。

教谕宅。在明伦堂西。

训导宅。在明伦堂东。三宅各门楼一间，廨舍十间，内一宅改为会馔堂，俱知县董邦政重修。

养贤门一间。

进修门一间。

号房六座。在西庑西，以礼、乐、射、御、书、数字为扁，每座门楼一间，书舍五间，厨房二间，俱知县董邦政重建。

启圣公祠。在号房北，旧为宰牲所。嘉靖十一年，知县茅宰改为祠，门楼一间，正堂三间。

乡贤祠。在东庑东，门楼一间，堂三间。

名宦祠。在东庑东，门楼一间，堂三间。

土地祠一间。在戟门东。训导徐梦熊设主饰像，本学春秋二祭，每朔望师生拜谒。已上四祠，俱知县董邦政重建。

射圃亭三间。旧在县治东，去学一里。洪武五年，知县陆梅建。成化六年，知县唐诏以去学远，不便射者，乃迁于学西，缭以周垣，造亭一间，名曰“观德”。正德九年，知县万廷理建亭三间，知县董邦政重建。

崇文仓三间。在东庑东。

文源井。在崇文仓东。

祭器。大铁香炉一。瓦香炉二十一。木香炉七。铁花瓶一对。大锡烛台一对，坏，嘉靖三十年教谕郭襄修。铁烛台二十五对。红黄幔七。铜爵一百三十七。锡爵三十七。笾二百一十。豆一百九十一。簠五十一。簋五十一。登二十五。尊一。俎五。篚九。祝板一。青磁尊二。盥洗盆二。大方盘十七。小方盘一百有二。长条盘九。贮爵柜一。已上俱成化间巴陵知县邑人季恒置。启圣祠锡烛台一对。锡香炉八。木烛台七。篚五。祝板一。俎二。已上俱嘉靖十年知县茅宰置。方盘架一。铁香炉一。已上嘉靖三十年知县董邦政置。

书籍。《四书》。《易经》。《书经》。《诗经》。《春秋》。《礼记》。《五伦书》。《性理大全》。《大明令》。《教民榜》。《大诰》。《为善阴骘》。《稽古定制》。《文献通考》。《新颁性理大全》。《大礼纂要》。《大礼集议》。《大学衍义补》。《居业录》。《学史》。《朝服图》。已上书各一部，皆历年颁降并学原置，岁久多残缺。《四书集注》。《通鉴》。《通鉴纲目大全》。《皇明政要》。已上书各一部，嘉靖三十一年教谕郭襄置。《皇明诏制》。《宋儒陈北溪字义》。《二程全书》。《伊洛渊源录》。《白鹿洞规》。已上书各一部，嘉靖三十一年训导徐梦熊置。《皇明理学名臣言行录》一部，嘉靖三十一年训导何桂置。书橱一，大小长卓①六，长凳三，俱旧置。卷橱一，长卓二，长凳六，俱教谕郭襄置。

射器。琴一。瑟一。钟一。鼓一。笙一。箫一。磬一。楅一。豊一。鹿钟一。弓。矢。竹尊一。锡壶一。乏一。锡洗一。杓一。扑一。觯一。侯一。竹笼一。旌。按：射器岁久多残缺，有志于射者其补之。

学田房租。按：宋《嘉定志》载，学租米一百四十三石九斗八升七合，麦五十五石六斗，钱一千五百四十贯四十文。仓巷房钱每月五百二十五文，租山钱每年五十一贯，芦场租钱每年一千二百贯，四季拘催送学，皆嘉定间县令刘昌诗设立，以厚学校，后废。至国朝久无兴者，嘉靖初，巡按御史郑光琬查勘本县前及墙东有官小房共若干间，岁纳县租银二十三两四钱四分八厘八毫，行县给付本学，补辏会馔，永为常规。嘉靖十五年，知县茅宰置田地二十四亩，在县北门外，岁征租银五两五钱，以济通学。嘉靖二十一年，教谕陈洪表将本学缺官缺廪斋膳银八十五两申详提学察院，置田地七十六亩五分三厘，在贯裴塘东，岁征租银一十四两，除办本田税粮外，余租专济贫生。嘉靖二十七年，知县邵漳将丈量多余田地七十九亩六分三厘五毫，岁令佃户纳租银三两九钱四分八厘八毫，在学以资生员贫乏不能冠昏丧祭者。

社学。旧止一所，在县治东。成化间，知县唐诏创立，有监察御史木讷碑记，见《文类》。正德间，知县林干因其敝坏，捐其地为民业，别于四门各建一学，学设教读一人，皆有门楼堂舍可居。近北舍学倾圮，嘉靖三十年，知县董邦政修建。

祠祀

国之大事在祀与戎，故《祭义》"天曰神，地曰祇，人曰鬼"，凡有功于民者，咸礼焉。国朝置坛壝，建祠宇，无间于郡邑，正祈天、保民、报功、崇德之道也。《成化志》止载坛壝，而例合祀之神于寺观，失其义矣，今正之。作祠祀志。

社稷坛。旧在县治西。正德间，知县万廷理因其地卑隘，度地于西门外迁之，表以

① 卓：通"桌"。

坊，缭以垣，植以树木。嘉靖间，知县何宏修。

山川坛。在县治南。坊垣如社稷坛，内斋所三间，树木颇丛茂。

邑厉坛。在县治北。坊垣、斋所如山川坛。已上三坛，洪武间，知县陆梅建。成化间，知县唐诏俱新之。上二坛，嘉靖间，知县茅宰重建。

城隍庙。在县治西高冈上。按旧志云，庙即汉淮南九江王黥布祠，形势雄壮，后连吴大帝堰，下临滁水，前后二殿。父老相传灵迹显异。每见其祠龙形，身具五色，金光夺目，蜿蜒于蟠幢、供帐之间，雨暘祈祷，福善祸淫，其应如响。宋景德四年，守大理寺丞知六合县监押兵马同知茶盐酒税王时立石纪之，今废。绍兴辛巳，逆虏犯顺，分道南侵，围六合城，已而溃去，有降卒言，仰视城围，旌旗蔽天，大揭神号，虏惧而遁，邑人刻石纪功，今废。开禧二年十一月内，虏兵复围城，周回数重，获至殍①虏备言，番兵仰见城上皆张青幕，愈攻愈高，紫盖黄麾下有长大神人，升降其间，虏遂惊惧而止，邑人状于朝，嘉定元年七月内敕赐庙额曰“昭卫”。国朝洪武二年，封为“监察司民显佑伯”，有敕命。正统丁卯夏，大蝗，农民忧叹，知县黄渊斋沐恳祷，次日蝗不复见，是岁大稔，官民慰仰，咸以为灵。岁久圮敝，邑人徐仁修。正德间，知县林幹属耆民周本政、赵文智、住持道士钱真庆重修，乃建山门五间，二门三间，大殿三间，后殿三间，两廊十有二间，画廊十有八。嘉靖二十二年，知县黎循典属耆民周讚、马谅、道士钱真庆改作大殿五间，后殿五间。嘉靖辛亥，邑大蝗，知县董邦政恳祷于庙，蝗去。寻大疫，复祷于庙，疫息，人皆以为侯之精诚，神之灵感云。

马神庙。旧在县治东马厂内，与马监邻，今废。每春秋祭，构祠行礼，议者以为当复建焉。

名宦祠。在儒学内东庑东。正德八年，知县万廷理建，久而圮。嘉靖三十一年，知县董邦政重建。按：名宦祠建置已久，然未有祀于其间者。嘉靖初，尝申请，未下，顺民情以崇报，祀其可终，虚而不讲哉？

乡贤祠。在儒学内，名宦祠南。正德八年，知县万廷理建；嘉靖三十一年，知县董邦政重建。正德间，申请故死节江西参议黄公宏入祀。嘉靖三十一年，申故汉中通判袁公硃入祀，每岁春秋祭。

忠贤祠。在县治北，旧为观音庵。嘉靖十七年，知县周薇奉南京礼部札付为崇祀忠贤事，奉本部尚书霍韬看得古称御大灾、捍大患，必须忠贤遗烈，查得志书，宋有韩世

---

① 殍：疑为“俘”。

宗、岳飞御金狄，往来江上，勇烈显著，唐有康大尹祷雨投江，志切民隐，国朝有欧阳得基，宰邑惠政，为民哀思，皆六合名官之最者也。有都督杨能，策勋边塞，有参议黄宏，死节逆藩，皆六合乡官之贤者也。已上忠贤，庙食兹土，于礼为宜，合将前项观音庵改为忠贤祠，仰北城兵马司官前去，会同该县掌印官，将正堂一座立忠贤牌位，外留大门一层，及左右厢房六间，其余估计变卖，尼僧尽数查出还俗，惟是本县名宦、乡贤及有功江防，查考或遗者，该县会同师生查议详报。据此续该本县申称元处士郭渊，国朝广东按察副使王弘二人，相应共祀，今祠祀入。公祠虽立，久未举祭。近知县董邦政以训导徐梦熊议岁祭如礼。又采邑人张约之，前代以忠见杀，国朝知县唐诏，首称循良，特进祠祀，见职名“忠贤志”。

何公祠。在县治东，有碑记，见《文类》。

茅公祠。在县治北，即废观音庵之西舍。公擢任后六年，士民思仰德政，建祠塑像，春秋致祭，有遗爱、去思二碑记，见《文类》。会稽谢公綋谒祠，诗以吊之，见《诗类》。

邵公祠。在县治东，嘉靖二十八年建。

寺　观

老佛之徒居于寺观，曰庵曰庙，皆其所也。自二氏之说行，其所滋密，惑世诬民，吾儒病之，然时制建焉，古迹载焉，固不得而没也。志之，亦以见景概之胜。

玄真观。在县西儒学后高冈上。宋隆兴元年，郭振守御六合，广西隅城，后军统制崔皋掘地得合形龟蛇，方寸许，乃置祠。嘉定七年，县令刘昌诗鼎新，塑三清像，后兵燹不存。洪武二十四年，句容道士金葆原起建。永乐间，道者许礼真重兴观宇。正统四年七月内，厥徒盛永泰聿新坛场，建玉皇宝阁于两殿后，翼以回廊，阁前真武像用铜三千余斤铸成。前为三清殿，新构法堂、楼廊，以居道众，前建山门三间。凡遇朝贺，各官习仪于此，有碑记。

东岳庙二。一在县东二里，治浦桥西，未详何时建。宋嘉定十年，县令刘昌诗建门楼廊庑。永乐十一年，道士金元正、民人徐仁重建。正德十一年，道士李日昕、土人金玉建前殿及两廊，后道士张守玄、民人余金造山门。一在县北四十里。

泰山行宫。在东岳庙西，与庙相邻。正德十六年，邑人余金、唐昂建。

祠山庙二。一在东岳庙西，旧庙久废。嘉定九年，县令刘昌诗修造。永乐十五年，民人陈佛保重建。嘉靖二十九年，道士时守相重修。一在县西北五十里。

顺应庙。按：《嘉定志》，在长芦江上，即安济夫人祠也。有僧于渔人网中得香木，刻成夫人像，夜梦曰："吾丁氏也。"因置小祠于江岸，祷祈即应。后宋天圣间建立，大其祠宇，奏请加封安济夫人。绍兴十九年，淮东漕运汤鹏举复奏，赐额"顺应"。洪武七年，民人林文杰重修。

五圣庙。在县治西。弘治十年，知县翁谏、耆民瞿端、道士陈道德建。嘉靖二十六年，道士奚庆泽、民人胡恩、赵俸重建山门、正殿、法堂及两廊。

真武庙二。一在县西北玄真观之东冈。正统间，道士盛永泰建；弘治元年，知县翁谏重建，住持道士王景星建三官殿；嘉靖三十一年，道士朱常清、道人庄浦净建山门、二门、火星殿、瘟司殿及后山一座，前塘一面，绕以砖石垣墙。一在瓜埠山。洪武十六年，巡检刘安建；永乐五年，江阴卫千户王天麟修；日久倾颓，正德八年，寿官谢宗旦重建，益以玉皇殿三间。

慈济龙王庙。在县南五里龙池之东。按:《嘉定志》载，宣和六年，敕赐王爵。父老云:池龙托梦于灵岩寺主僧，谓池傍居民不洁，愿徙岩下，冀听法音。主僧旦率众西望迎之，果起雷雨于山中，立白龙祠，旧庙废于兵火。嘉定九年，县令刘昌诗临池上，立祠塑像，作楚辞招之，遇旱祷雨在此。

关王庙二。一在县西南四十里，宋咸淳八年民人张伯同等建。一在县东三里朱家嘴，正德中民人袁文章、陈谟等建。

龙王庙三。一在县东北三十五里马头山上。至正二年，民人陈得等建。至正十三年，六合县达鲁花赤伯士宁修，有碑文，见《文类》。洪武二十二年，民人赫有兴等修。正统十二年，重修。一在县东南一十五里灵岩山上。宋至道年间，庙倒塌；永乐三年，豹韬卫千户周兴重建。一在县东五里冶浦桥东。弘治十六年，土人沈清建；久废，嘉靖三十年，知县董邦政重建，两年祷雨于此，皆有应。

吴大帝庙。在县西南三十五里瓦梁堰高冈上。按:《嘉定志》名吴王庙，即孙权也。《成化志》即权屯兵之所，未详何年建立。元泰定三年，邑人徐斗祥重建，有碑记，见《文类》。

白龙王庙。在县南一十五里。宋天圣八年建，值兵燹。洪武七年，民人徐伯荣等重建。

白马将军庙。在县西南五里。洪武三年，民人汤得先建。

茅司徒庙。在县西南四十里。按:《嘉定志》，庙有碑记载司徒为驱虎神。考盱江茅司徒庙注云，徐铉翁《稽神录》，浙西僧德林欲自舒往桐城，偶得痁疾，不能去，卧草中，及醒则黄昏矣，四顾无人，独虎豹哮吼，自谓必死。俄见一人如将军状，召二卒，谓曰："善守此人。”径上马去，惟二卒在焉。明日昧爽，僧以问卒，卒曰：“此茅将军也。”僧遂于所见之处立祠。父老云即今司徒庙也。

昭烈张王庙。在县西北赵家山上。

泰山庙。在冶山。嘉靖二十年，道人汪潮建；嘉靖二十八年，僧性铠重修。

将军庙。在县北四十里黄董山上。

后土庙。在县西北五十里竹镇市。宋建炎四年，僧岳钦立，颓毁。今嘉靖二十一年，道士刘景旸重建。

天妃庙四。一在县东南五里。一在县东南一十五里。一在县东二十五里。一在县东南三十三里。

东王庙。在县东北四十里。

落帆将军庙。在县东二十五里帆山上。

长芦崇福禅寺。按《嘉定志》，宋天圣间建，在县南二十五里长芦镇，因江岸颓塌，庙坏。淳熙十二年，徙滁口山之东三里河曲沙冈之上。初，章献皇后少随父下陕至玉泉寺，长老勉之游京师。及后垂帘听政，玉泉长老居长芦，后屡招不至，遣使就问所须，答曰：“道人有所须，玉泉无僧堂，长芦无山门。”后即以本阁服用器物下两寺，玉泉已建堂，长芦临江，门起水中，既成辄为蛟所坏，遂用生铁数万斤，垒门下乃成，盖蛟畏铁也。又以铁铸神镇于江岸，名“参沙神”。寺滨大江，后岁度僧七人，令置小舟以救沉没之患，岁久事废，而度僧犹如式。淮南转运使寇平籍僧所活五人以上始得度。开禧丙寅，寺为兵火废。嘉定五年，提举施宿招镇江甘露寺僧慧光住持，营建圣文宝秘阁，崇奉御书，下有一苇堂，前有寿室、立雪堂、直①指堂，东立达摩殿、造佛堂、芝兰馆，西建僧堂，门外有苇江亭、回龙门、石柳亭，仍铸铜钟万余斤，县令刘昌诗作铭，运判赵师罣隶文刻石。《成化志》谓：梁普通八年，达摩渡江，遂建此寺。及考《嘉定志》载，定山有如禅院，在县西南六十里，定山狮子峰下。唐郏滂《怀古》云，“梁王因公主疾，安，造院，后达摩泛海诣梁武，不契而东，折芦渡江，过长芦，来定山，面壁九年，有宴坐石岩。过少林，又九年西归。”谓之“过长芦”，则达摩未渡时已有此镇，寺因镇而名，非谓折芦也。洪武元年，僧灯无尽禅师重建。寺有贝叶经一幅，佛齿一对，履一只，相传谓达摩所遗，其履成化间为某大监取去。今去寺门数里有铁金刚神，疑即镇江岸之参沙神。六峰八景，长芦晚钟其一也，有诗，见《诗类》。

---

① 直：底本作“真”，形近误刻。据《顺治六合县志》改。直指：成语，直言指出，无所回避。《韩非子·说难》：“直指是非，以饰其身。”王先慎集解：“直指，言无所回避也。”

牟尼寺。在县南二十五里牟尼峰下，长芦寺西去半里许。寺僧传云旧长芦之下院。

灵岩禅寺。在县东十五里灵岩山上。唐咸通中，神见禅师开建。洪武二年，彝和尚重建；正德十六年，僧成祖修。

观音讲寺。在县西南五十里。宋咸淳间，僧惠住开建；洪武二年，僧名净重建。

观音寺。在县南六十里下三都。宋天圣间，僧怀远开建；洪武十七年，僧普通重建；嘉靖十六年，僧果住修。

卧佛教寺。在县治东北。唐保大七年，僧惠得开建，后废。洪武元年，僧善现重建。嘉靖三十一年，僧佛如修建钟楼、山门，寺有石卧佛一尊。

正觉教寺。在县下三都莲花峰下。元延祐二年，僧可禅师建，后废。洪武元年，僧理法师重建；嘉靖二十六年，僧惠定重修。

云居禅寺。在观音寺之北。唐大和四年，僧弘禅师建，不存。洪武十二年，僧宗肯重建；洪武二十四年，并于长芦寺。

盘城讲寺。在县西三十五里。宋天圣三年，僧端建；洪武十三年，僧从富重建；洪武二十四年，并于卧佛寺；嘉靖三年，僧惠锦修。

东廨禅寺。在下三都。宋天圣三年，僧裕禅师开建，不存。洪武元年，僧道茂重建；洪武二十四年，并于观音寺，即今茶亭寺。嘉靖十八年，僧广钺重修。

永定禅寺。在县东五里。梁天监中，僧知能开建，不存。洪武十四年，僧文敏重建。永乐十五年，并于卧佛寺。

净明讲寺。《嘉定志》名水南禅寺，在县治东南。宋咸通间，僧惠永开建，不存。洪武十三年，僧得性重建，后被回禄。正统间，僧梵谌建正殿三间，其徒宗荣为住持，建天王殿三间、法堂五间。

接待讲寺。在下三都。宋天圣七年，僧慧可开建，不存。洪武二年，僧文金重建；永乐十五年，并于观音寺；嘉靖十年，僧承瓒重修。

灵居禅寺。在县北四五都。宋建隆三年，僧法聚开建，不存。洪武十五年，居僧重建；永乐十五年，并于卧佛寺。按：《嘉定志》云，灵居寺旧有碑记载唐县令郑继、崔儇事，不知何时废。

香积禅寺。在县东冶浦桥西。宋天圣间，僧法琛开建，不存。洪武十五年，僧法畅重建；永乐十五年，并于卧佛寺。

尊圣讲寺。在县北四五都。宋咸通间，僧惠辩开建，毁于兵。洪武元年，僧可宗重建；永乐十五年，并于卧佛寺。嘉靖间，僧能敬修。

宝圣寺。在县北四十里平顶山上，肇建莫考。元至和元年，僧守俊重建，毁于兵。洪武间僧守邦重建；宣德戊申僧弘升重修，正统乙丑僧正理、成化间僧德昆、正德间僧惠源各修建。

宝公庵。在县下三都。宋庚申年①，僧本觉开建，后毁。洪武元年，僧如清重建。洪武二十四年，并于长芦寺。

按：已上各寺皆据旧志所载，所谓并于某寺者，皆不可知。今各寺具存，且相去颇远，安得为并，此或有说，未敢删去。

东广福寺。在县东二都。正和②间，僧崇宁建；正统间僧自通、嘉靖九年僧圆朗各修建。

祇洹寺。在县北五十里冶山。按：《嘉定志》载，唐开元二十三年建，郏滂《怀古》云，寺有解脱禅师，隋主问："何以伐陈？"师云："乘桃叶而渡，必克。"晋王乃造桃叶舟及江。有童谣《桃叶歌》，其时见岸边有山，遂造此寺。正统间僧明昕、成化间僧如清、嘉靖二十七年僧绍富各修建。

祇涯寺。在冶山，倒坏。嘉靖十四年，僧惠俊重修。

圆通庵。在县下三都。未详其始，年久倒塌。弘治十七年，僧智定重建山门一间、佛殿三间。

西广佛寺。在上三都，倒坏。正德七年，僧定圆重建；嘉靖二十七年，僧性安重修。

龙泉寺。在北四五都。至和元年，僧胜济建。成化十年僧道能、嘉靖二十四年僧正满各修建。

招贤寺。在县东北蛾眉山。景泰间，僧定仁建；弘治间僧德从、正德间僧行俊各修建。

乌石寺。在乌石山上。至和元年，僧本通建；嘉靖十八年僧道朗重建。

北观音寺。在县南上三都。至正间僧圆景建，弘治间僧圆文、嘉靖二十六年僧舟澄各修建。

三光寺。在县东二都。梁天监中，僧永洪建，后废。洪武三年，僧吕弘重建；天顺间

---

① 宋庚申年：所指宋代"庚申年"有960年、1020年、1080年、1140年、1200年、1260年等，具体年号不详。

② 正和：当为"政和"。政和(1111—1118)，系宋徽宗赵佶的年号。

僧悟真、正德间僧空玉、嘉靖二十二年僧德成各修建。

双泉寺。在北四五都。元至正中，僧道本建；成化间僧道勤、嘉靖十八年僧德明各重建。

龙山寺。在北四五都。元至正间，僧洪演建；正德间，僧悟寅重修建。

北广福寺。在北四五都。梁天监中开建；洪武元年，僧胜全重建；嘉靖九年，僧净朗同修。

宝公寺。在北四五都。梁天监中，志公禅师建；正统中僧宗真、嘉靖十六年僧清澄重修建。

白云寺。在县北四五都。天顺间僧妙林建，嘉靖十八年僧了真重建。

盘石寺。在县北三图。咸通中僧道兴建，成化间僧真通、正德间僧真明、嘉靖二十八年僧常茂各修建。

大圣寺。在北三图。成通①中，僧惠崇建；嘉靖元年，僧宗信重建。

曲涧寺。在南四五都。元至正间建，成化间僧定护、正德间僧宗圆各重建。

文殊庵。在北三图。成化间僧净涧建，嘉靖十五年僧德安重建。

白塔庵。在南三图。至正间僧元杰开建，后废。洪武六年，僧惠祥重建；嘉靖七年，僧恒玺重修。庵有石塔一座。

六合县志卷之三终

---

① 成通：疑为“咸通”或“成化”。咸通（860—874），是唐懿宗李漼的年号；成化（1465—1487），是明宪宗朱见深的年号。

六合县志卷之四

秩官志

官　制

封建既废，郡邑斯兴，罢侯置守，官属攸备。六合为邑，在历代为郡、为州、为镇，沿革不一，而建官繁简亦异，自西晋以前无考，其可考者，志以见之。

东晋：秦郡刺史一员，长史一员，司马一员。陈与后周同。

梁：秦州刺史一员，别驾一员，长史一员。

隋：六合县令一员，丞一员，主簿一员。

唐：六合县令一员，丞一员，簿一员，尉一员。

宋：六合县知县一员，丞一员，簿一员，尉一员。

元：六合达鲁花赤一员，县尹一员，主簿一员，尉一员，典史一员。

国朝：六合县知县一员，县丞一员永乐间裁革，主簿一员弘治间革，典史一员，儒学教谕一员，训导二员，税课局大使一员，瓜埠巡检司巡检一员，瓜埠三汊河泊所所官一员，棠邑驿驿丞一员，阴阳学训术一员，医学训科一员，僧会司僧会一员，道会司道会一员。

按：有官必有吏，今吏附于后：

本县东三房司吏一名，西三房司吏一名，六房典吏六名，马政科典吏一名，承发科典吏一名，儒学司吏一名，税课局攒典一名，瓜埠巡检司司吏一名，瓜埠三汊河泊所攒典一名，棠邑驿驿吏一名。

职 名

有一邑则有一邑之官，历代以来其人多矣。是故令牧则父母斯民，而生养赖焉。师儒则表率多士，而文教兴焉。其僚佐属吏，又翊成疏附，与有劳勚，皆不可泯其名也。作职名志，其有事实可纪者并著之。

春秋

伍尚，楚阴之富村乡人《光化县志》，楚平王时为棠邑大夫。尚为人仁《史记》，人称为棠君《左传》。

文种，棠邑宰，郑滂《怀古》诗曰："春秋之世名棠邑，文种曾经治邑民。史册特书芳誉著，迩来何敢企斯人。"见《嘉定志》

汉

陈婴，棠邑侯。按：《嘉定志》载，婴以定东阳，为将属楚，羽死属汉，复定豫章诸郡有功，始封棠邑侯，食邑六百户，乃封邑，非宰治于土者。据旧志存之。

晋

范广，字仲将，元帝时举孝廉，为棠邑令。时驿丞刘荣坐事当死，郡以付县。荣乃县人，家有母，每遇节，广听其暂还，荣如期而反。县堂为野火所焚，广令荣去足械救火，事毕，荣还自械。后大旱，米贵，广散私谷数千斛赈饥，远近流民归之，户口十倍，卒于官。《嘉定》、《成化志》

南朝宋

刘穆之，字道民，莒人，以琅琊王府主簿记室参军领棠邑太守事，决断如流，事无壅滞，后官至左仆射。见《嘉定》、《成化志》及《本传》

隋

王绩，字无功，太原祁人。大业末应孝廉，射策高第，除秘书正字，以疾乞补，外除六合丞。以《周易》置床头，他书罕读，自号东皋子。隋乱，以所得俸钱积县城门里，轻舟夜遁。唐高祖武德中，诏为学士。见《嘉定》、《成化志》

唐

独孤及，六合令，尝建县治、清风诸亭，能诗，惜政事无考。《嘉定志》

房翰，开元中以朝散郎为六合令，尝作《秖垣[1]寺碑记》。按：《嘉定》、《成化志》所云《秖垣寺碑记》不知废于何时，今无可考。

郑继，六合令，多政绩，见《灵居寺碑》及刘昌诗旧志。

崔儇，太和四年以朝散郎守六合令，见《灵居寺碑》及刘昌诗旧志。按：郑继、崔儇二人，《成化志》皆云见《灵居寺碑》，今碑已久废，而刘昌诗《嘉定志》又残缺"文纪"一卷，惜无所考载矣。

康□，今失其名，咸通中为六合令。时久旱，民不聊生，侯斋戒虔诚，朝夕恳祷，弗应，遂跨白马投江而卒。后霖雨沾足，秋大熟，耆庶为之立祠。见《古镇明王庙碑》，今废。按：《成化志》云见《古镇明王庙碑》。考《嘉定志》"古镇明王庙"下注即康侯以身祷雨事，想民因废庙而祀侯也。

郑滂，光化中为六合宰。尝作《怀古》诗五十首，叙灵岩则曰"岩峻尝有灵瑞"，叙龙津则曰"士马更戍往来"，若儒学、士林馆、龙池、昌市楼等处皆有题咏，意滂必文采风流之士，当时之民被和平之化矣。惜其政事无传，诗之存者载诗纪。《嘉定》、《成化志》

袁珍，为六合令，教人书虎豹鹰鹯皆出境。见《事文类聚》

宋

胡谷，淳化元年以登仕郎守六合令，治行详著旧志。按：《成化志》云"治行详著旧志"，夫旧志既详，自当采而载之，今《嘉定志》亦无考，不知所谓"旧志"何在？前修志者不得不任其责矣。

王时，景德四年以右通直郎守大理寺丞知六合县，监押兵马同茶盐酒税，尝作城隍庙碑纪神显应之迹，后以兵火碑废。

薛季卿，以兵部侍郎知真州六合县事。县濒大江，多逐鱼盐之利，不胜则相聚为盗，乡闾苦之。季卿严刑赏之格，前后尽获其徒，终季卿之世，无一人敢为盗者。

朱定国，以尚书屯田员外郎知六合县事。时朝廷方兴水利，有建议开马昌河通滁州者，提举官从之，定国言坏民田庐，劳民筋骨，工费甚大，获利甚微，固以为不可。使者以定国首沮，所论不悦，屡移他局以困之，卒不能

---

① 秖垣：本书卷三《寺观》，《全唐文》卷五三五作"祗洹"。

变，因请于朝，愿得管库以便其私。而他使者见知，奏留不行，定国叹曰："居可以仰禄，而不知者数见困，去可以远害，而知我者反见留，吾命何穷耶！直道以事人，殆不可为，枉道以全身，非我志也。"即致仕归，当时士大夫高之。

丰稷，字相之，浙江鄞人。嘉祐中六合主簿。按：公遗事云，公登嘉祐四年进士。初乡荐时作《丈夫不屈赋》有云，"使秦完璧，高风独揖于相如，阨虏持旄，壮节自全于苏武。"众皆惊异，果中魁选。主六合簿，累升监察御史、殿中侍御史、国子祭酒。哲宗幸太学，命讲《尚书·无逸》，赐金紫，迁刑部侍郎。神宗朝转工部尚书兼侍讲，迁礼部尚书。立朝有节，积勋至上柱国缙云郡开国侯，谥"清敏"。嘉定七年，曾孙有俊守真州，县令刘昌诗访稷旧事，为祠于泮宫，有碑记，今废。

黄□，失其名，政和间知六合县事。

李晔，绍兴二年五月间以承事郎知县事，绍兴五年十二月满罢。

李耆年，绍兴六年五月迪功郎知县事，绍兴九年七月满罢。

路颐中，绍兴九年七月迪功郎知县事，绍兴十二年十二月满罢。

吕安上，绍兴十二年十二月左奉议郎知县事，绍兴十四年十月满罢。

姚邵，绍兴十四年十一月以左宣教郎知县事，十五年十二月满罢。

朱勋，绍兴十六年二月右宣教郎知县事，十七年二月满罢。

龚相，绍兴十七年五月以右宣教郎知县事，二十年六月满罢。龙津石桥废，春夏滁水奔溢，往来病涉，遂申请创造浮桥，为船一十只，置房屋六间，命僧居之，以主修葺，今之浮桥始此。

吴大昌，绍兴二十年六月右宣教郎知县事，二十三年七月满罢。

黄锷，绍兴二十三年七月右承事郎知县事，二十四年十一月满罢。

宋肱，绍兴二十五年二月右承事郎知县事，二十六年七月满罢。

赵源，绍兴二十六年十月右宣义[①]郎知县事，三十年正月满罢。

仲烑，绍兴三十年正月右奉议郎知县事，隆兴元年八月满罢。

---

① 义：《万历六合县志》作"议"，当从。宣议郎，唐宋时期散官名。下同不注。

沈畴，隆兴元年八月右从仕郎知县事，乾道二年五月满罢。

周俊，乾道二年八月忠翊郎知县事，三年三月满罢。

张世贤，乾道三年八月右从仕郎知县事，四年十二月满罢。

汪珪，乾道五年九月右宣义郎知县事，八年十一月满罢。

卜瑞孙，乾道八年十一月右从仕郎知县事，九年二月满罢。

刘旦，乾道九年四月右迪功郎辟差知县，六月二十三日冲替。

陈炎年，乾道九年六月右奉承郎知县事，淳熙二年七月满。

刘泌，淳熙二年七月右宣教郎知县事，三年十月满。

应藏密，淳熙三年十月右通直郎知县事，五年六月满。

赵汝亦，淳熙五年九月承义郎知县事，六年十月满。

曹组，字元宠。淳熙六年从义郎知县事，九年十二月满。按：《氏族大全》，组，六举不第，著《铁砚篇》以自见。宣和中，召见玉华阁，上亲洒宸翰以赐之，曰："曹组文章之士。"尝命题作赋，援笔立就，其政事履历备见《续碑》。《成化志》。按：《续碑》乃宋县令刘昌诗所作。考《嘉定志》昌诗《续碑记》一篇，其履历仅有到任年月，而政事则略无可考，《成化志》未可据也。

张端本，淳熙九年十二月从政郎知县事，十三年二月满。

赵伯时，淳熙十三年二月文林郎知县事，九月卒于官。

钟宜之，淳熙十四年十二月儒林郎知县事，绍熙二年二月满。

金大有，绍熙二年三月文林郎知县事，十一月卒于官。

郑缜，绍熙三年二月承直郎知县事，鼎新学校，庆元元年二月满。

朱僎，庆元元年四月从仕郎知县令，嘉泰元年八月满。

费捐，嘉泰元年八月奉议郎知县令，四年九月满。

赵汝竑，嘉泰四年九月文林郎知县事，开禧元年八月罢。

刘文邵，开禧元年十二月文林郎知县事，三年五月宫祠。

郭守己，开禧三年六月思训郎知县事，嘉定三年七月满。

薛贤，嘉定三年八月承忠郎知县事，嘉定四年十一月丁忧。

张硕，嘉定五年四月承忠郎知县事，嘉定七年五月满。

刘昌诗，嘉定七年七月承直郎绍兴府观察判官改知六合县，十年十月转奉议郎，十一年八月差通判隆兴府。尝有旨每户三丁取一，号曰“义武”，民兵淮南，县令并兼义武民兵军政，六合原额二千余人，开禧兵革，民多流亡，仅有五百二十一人，昌诗设法招集得七百有奇，并于盘城、瓦梁等寨分隶。县旧有忠勇军，经始之初，无以激厉士卒，乃请于朝，降官会三千缗置库积贮，日收息钱，专供教阅劝赏之用。至县衙及文庙棂星门、社稷坛、大军仓、玄真观等处圮坏，咸修建一新，父老传诵焉。已上俱见《嘉定》、《成化志》

元

伯士宁，至正间六合县达鲁花赤。

国朝

知县

胡有源，洪武元年任。建县治，置船夫于龙津，主济渡。

陆梅，四川中江人，由监生洪武五年任。果敢有为，时天下初定，适郡邑残破之余，首以兴学为务，建文庙殿庑，塑圣贤像，立从祀木主及儒学堂舍，为屋殆百楹；次建社稷坛、税课局、棠邑驿、各里之申明旌善亭及铺舍之属，一邑之规模聿新，盖当开创之劳者也。按：梅卒于官，其子以乡路险远，不能归，遂家六合，为编氓。近知县董邦政召其后人，优恤之，复其役，报其先功也。

欧阳得基，湖广龙阳人，由举人洪武十七年任。公勤能干，抚辑有方，一切事皆处之适民情，以疾卒于官，百姓无不悲恸者。

胡铭惠，永乐二年任。造浮桥，复宋县令龚相之旧，建冶浦桥。

王翱，永乐四年任。于县西新渡口置渡船，民便之。

林至，由进士宣德三年任。

史思古，浙江象山人，宣德七年任。修学校，重建冶浦桥，大其规模，即今之制也。

黄渊，河南洧川人，由监生正统间任。首重学校，庙学倾颓，撤旧为新，门堂斋号具备，规模宏展，视昔倍蓰矣。遇事执法，不通关节，人谓之“黄板子”。

刘茂，江西赣县人，由监生景泰四年任。

张恒，湖广襄阳人，由监生成化元年任。

唐诏，字廷宣，山东阳信人，由监生成化五年任。首建学校，重民事，不为身家计，民以事至庭，必谕以礼，如家人父子。每食蔬素不重篮，朔望谒城隍庙，躬自誓曰："坏法身家灭，贪赃天地诛。"仍书于庙两楣。其父归，尝受人贶金，恶伤父志，躬送至扬州，自白愿归侍，父惊曰："何至此？"乃委曲陈其事，父遂出所受归之，其爱民之心，清苦之节，表里如一。升太平府同知，民至今怀之。

周南，字文化，浙江缙云人，由进士成化间任。负敏达才，事无大小，不劳力而办。尤笃意文教，劝奖士类，继唐侯之后，稍稍变通之，卒与媲美，时人称为"唐青天"、"周明月"。召拜监察御史，累官至总督两广都御史。

娄宏，广西宾州人，由举人成化二十二年任。

杨泽，直隶河间人，由进士成化二十三年任，升户部主事。

安鉴，顺天府永清人，由监生弘治二年任。

谢湖，广东海阳人，由进士以大理评事左迁，寻改知当涂。

邓绩，江西泰和人，由举人弘治五年任。

翁谏，贵州赤水卫人，由举人弘治九年任。

张谐，福建闽县人，由进士弘治十六年任。

赵崇贤，浙江太平人，由举人正德二年任。以捕获贼首，升广德州知州。

张熙，直隶清苑人，由举人正德四年任，调教谕。

邹宗贤，浙江临安人，由举人正德四年改教职。

万廷珵，字钦之，江西安福人，由举人正德六年任。为人谨饬，惟不称民牧是惧。邑故事每甲首该役财力必平，输无差等，贫民多流亡，侯立九等法，酌量应役，至今民便之。学宫、县治圮坏，撤旧为新，为屋三百楹，皆邑人乐趋教人，捐赀成之，拜南京刑部主事。

陈越，广东东莞人，由举人正德十一年任。丁忧。

李楚，福建福清人，由举人正德十一年任。清苦之节可嘉，德泽之施未久，厄于多病，竟卒于官。

林幹，字克勤，福建怀安人，由举人正德十三年任。有干济应变才，武宗车驾南幸，中官怙势，悉御之有术，民以不扰，升睢州知州。

金克厚，浙江仙居人，由进士嘉靖三年任。温雅忠厚，有长者风，苦于疾，乞改国子助教，寻升工部主事，转郎中卒。

何宏，字道充，广东顺德人，由举人嘉靖初两任通泰学正，升六合知县。为人尚古道，重节义，有言必践，遇事执法，不屈南都。戚里与豪奸争讼，久不白，当道属之处断，两家慑服，由是风力益著，以荐召拜南监察御史，民为立去思碑生祠之。

茅宰，字治卿，浙江山阴人，由进士嘉靖九年任。时年方二十有七，老成持重，绰有定见，人不得窥其喜怒，上不为声色所移，下不为浮言所动，明敏果决，事不劳而办，务在省民费，节民力，息民讼，期于休养，以故公无纷扰，自谓闲庭。暇则访乡士夫，游学宫，咨询民瘼，或考较诸士子文艺，相与讲究，谈笑有古循良风。拜刑部主事，去既数年，民为立生祠。复被谪，以疾卒，愈久而人愈思之。

周薇，浙之鄞人，由举人嘉靖十四年任。以廉为守，以宽为政，不作崖岸，平易近民。皇太后梓宫过，诸司多获罪，民疲于役，侯独身任之，区画有方，事不废而民不扰，当道第其功为诸邑最，旌之，升四川重庆府同知，寻擢工部员外郎。

何廷陈，浙江富阳人，由监生嘉靖十九年任，后改调去。

黎循典，字成五，湖广华容人，由举人嘉靖二十二年以监察御史谪任。莅官有风力，建儒学奎璧楼，修棠邑驿、浮桥。

邵漳，字子清，浙江余姚人，由进士嘉靖二十四年任。升南京刑部主事。

董邦政，字克平，山东阳信人，由选贡嘉靖二十九年任。廉勇慷慨，心思所及，辄多奇迹，当道深器重之，升浙江按察司兵备佥事。

县丞

徐昭文，洪武初年任。

阮某，洪武间任。后革

主簿

王凯，宣德间任。

宋秉彝，正统间任。

吕所，景泰间任。

李畤，天顺间任。

王瑄，山东阳信人，由监生成化间任。

邢端，山西朔州人，由监生成化间任。

刘瑾，四川苍溪人，由监生成化二十年任。

杨显，弘治初任。

刘恩，山西沁水人，由监生弘治九年任。

武通，山西阳曲人，由监生弘治十三年任。

潘琰，山西寿县人，由监生弘治十六年任。后革

典史

徐复演，广东始兴人，由监生永乐元年任。县境军民杂处，未易抚绥，复演辑和其间，俾各安其业，虽官卑禄薄，雅有清白操。永乐四年，知县胡铭惠荐其才识明敏，案牍精通，升浙江乌程知县，民永怀之。

段兴，宣德间任。

杨文聪，正统间任。

周绍宗，正统间任。

张惠，景泰间任。

孤铎，天顺四年任。

吴璠，成化初任。

万郁，江西南昌人，由吏员成化间任。

樊忠，湖广监利人，由吏员成化十八年任。

柴嵩，河南汲县人，由吏员成化二十三年任。

张德荣，浙江金华人，由吏员弘治二年任。

孙宣，直隶安肃人，由吏员弘治四年任。

王用，山东曹州人，由吏员弘治十年任。

杨琛，江西丰城人，由吏员弘治十四年任。

魏宣，山东滋阳人，由吏员正德三年任。

吴子猷，浙江余姚人，由承差正德五年任。

钟相，广东潮阳人，由吏员正德九年任。丁忧。

李洋，陕西咸宁人，由承差正德十三年任，升河南武陟主簿。

宋元朝，福建莆田人，由吏员嘉靖七年任，升浙江乐清主簿。

陈良，湖广黄冈人，由吏员嘉靖十四年任。

葛尚质，江西弋阳人，由吏员嘉靖十六年任。

赵景宗，山东德州人，由吏员嘉靖二十年任。

俞玉，福建莆田人，由吏员嘉靖二十五年任。

倪景晋，浙江鄞人，由承差嘉靖三十一年任。

儒学教谕

魏璜，正统间任。

许安，浙江钱塘人。

张畴，浙江黄岩人，由举人景泰间任。严整廉特，勤于教迪，抠趋听讲者无间寒暑昼夜，一一剖析无遗旨。诸生有贫乏者，不受其束修，且捐赀助灯火之费。尝典山东文衡，卒于官，人思慕之。

杜璠，天顺间任。

木昱。

瞿璞。

周沨，江西贵溪人，由举人成化十二年任，修六合志。

应纪，浙江太平人，由举人成化二十二年任。为人持正，有义气，不苟取。

余有谅，江西德兴人，由监生弘治二年任。

张敔，山东灌城人，由举人弘治九年任。

周仁，河南上蔡人，弘治十八年任。

凌本，湖广襄阳人，由举人正德三年任，升国子助教。

徐丙，字子南，浙江长兴人，由举人正德八年任。有藻思，教人勤而严，设科条以待士，士咸敬畏之。岁时馈遗常礼绝弗受，藻别士类，贤不肖允当，学宫圮坏，赞万侯修建有功，见王阳明《记》。秩满弃官归养，以荐擢国子丞，调松江教授，升永新知县，入岘山逸老社。

李椿，浙江丽水人，由举人正德十六年任。前教谕未满，候缺间，丁忧去。

高继耀，江西新建人，由举人嘉靖二年任。为人豁达忠厚，敷教以宽，升南京武学教授，进建宁府推官。

颜新，河南洧川人，由岁贡嘉靖六年任，以疾卒。

洪湖，福建龙溪人，由岁贡嘉靖八年任。

方锦，江西贵溪人，由岁贡嘉靖十三年任。为人开爽，有学识，鉴别士类，升襄阳教授。

陈洪表，湖广武陵人，由选贡嘉靖十六年任，升南康教授。

王镇，福建闽县人，由举人嘉靖二十二年任。赋性严毅，周急善诲。升国子博士，寻转南京都察院都事。

张健，浙江山阴人，由岁贡嘉靖二十八年任。能诗文，升鲁府教授，弃官去。

郭襄，福建莆田人，由选贡嘉靖三十年任。

训导

陈培。

何瑄。俱正统间任。

江朝立，四川铜梁人，由举人景泰间任，升淳化教谕。

季芳，天顺间任。

谢俊，江西高安人，天顺间任。

荀赟，成化初任。

郑仪和，福建莆田人，由岁贡成化七年任。

易永恒，四川内江人，由岁贡成化十年任。

曾庄，江西泰和人，由岁贡成化十七年任。

林质，福建龙溪人，由岁贡成化二十一年任。

高福，江西安福人，由岁贡弘治二年任。

金魁，浙江太平人，由岁贡弘治四年任。

边鸿，山东潍县人，由岁贡弘治八年任。

王亨，浙江仁和人，由岁贡弘治九年任。

田宣，浙江山阴人，由岁贡弘治十二年任。操履不苟，好学不倦，足称师范，升赣县教谕。

刘纪，河南遂平人，由岁贡正德二年任。有孝行。

冯缙，直隶清苑人，由岁贡正德六年任。

涂本通，湖广华容人，由岁贡正德七年任。

郑仁慈，广东潮阳人，由岁贡正德九年任。升广西武宣教谕。

汤治，江西永新人，由岁贡正德十二年任，升益府教授。

帅子卓，江西奉新人，由岁贡正德十三年任。

王敏，字勉之，浙之义乌人，国初名臣忠文公祎之嫡裔，嘉靖三年由贡授邑庠训导。其律己，以忠厚诚直为主本，其敷教，以性命道德为要机。性笃孝友，绝口不言声利事。常自状曰："许多聪明智巧，已不若人；一味痴痴呆呆，外如其内。"故士之贫窭及不能婚葬者乐助之，弗饬躬及怠荒者督责之，励行勤业者奖进之。初至，值大歉，捐俸活数十人，人咸德焉。尤劬书，所著有《古今玄览》二百卷，念庵罗太史叙曰："弘博若渊海。"《家乘》二十卷，王华盛宗伯叙曰："敦义崇礼，君子也。一时士大夫佥曰：若勉之者，真可谓无忝厥祖，有光于金华四先生云。"升新淦教谕。

王洛，浙江云和人，由岁贡嘉靖六年任。升凤阳教谕。

王渠道，江西安福人，由岁贡嘉靖十年任。甫一月，丁忧去。

祝瑾，江西德兴人，由岁贡嘉靖十二年任。升东安教谕。

施豫，浙江开化人，由选贡嘉靖十四年任。笃孝友，学有蕴藉，居数岁，以忧去。

萧辂，山东德州人，由岁贡嘉靖十七年任。升陇州学正。

许琥，浙江永嘉人，由岁贡嘉靖十九年任。升金山卫学教授。

马珂，浙江平湖人，由岁贡嘉靖二十一年任。升广东连山教谕。

徐梦熊，浙江山阴人，由岁贡嘉靖二十七年任。

何桂，湖广沅江人，由岁贡嘉靖三十年任。

税课局大使

杨志孝，成化十九年任。

赵澄。

王靖。

赵英。俱弘治间任。

张銮。

赵纪。俱正德间任。

卫仓。遵化人，正德十五年任。

陈玉，山东长清人，嘉靖九年任。

雷佐，陕西郃阳人，嘉靖十五年任。

贾魁，山东临清人，嘉靖二十二年任。

董钺，顺天武清人，嘉靖二十四年任。

侯恩，直隶东光人，嘉靖二十七年任。

李荣，山西襄垣人，嘉靖三十一年任。

瓜埠巡检司巡检

刘安，洪武十六年任。

郁吝。

宋谧。

安鉴。

曹富。

李信。俱成化间任。

郭聪。

马继。

张文。

刘计。

郭鉴。

王政。俱弘治间任。

张辅。

刘镇。

何明誉。

甘英。

王明。俱正德间任。

陈雄，河南孟津人，嘉靖元年任。

沈绍宗，嘉靖元年任。

高崇，山西应州人，嘉靖四年任。

赵顺古，山西蔚州人，嘉靖七年任。

李芳，嘉靖十一年任。

冯铎，顺天东安人，嘉靖十二年任。

张杰，山西代州人，嘉靖十四年任。

张景隆，山西临汾人，嘉靖十七年任。

初珏，山东博兴人，嘉靖二十年任。

冯铎，山西闻喜人，嘉靖二十三年任。

孙邦麒，山东冠县人，嘉靖二十六年任。

陈珂，山东青城人，嘉靖二十九年任。

棠邑驿驿丞

郑良圭。

亢端。

张琦。

许铭。俱弘治间任。

李弼。

刘秉能。俱正德间任。

欧阳京，湖广襄阳人，嘉靖三年任。

石坚，山西潞州人，嘉靖七年任。

纪魁，直隶吴桥人，嘉靖十一年任。

杨铁，浙江慈溪人，嘉靖十六年任。
马锡，山东东平人，嘉靖十八年任。
黎凤，云南思南府人，嘉靖二十二年任。
王宗盛，浙江奉化人，嘉靖二十六年任。
赵廷兰，陕西肤施人，嘉靖二十九年任。

瓜埠三汊河泊所所官

苏守正，洪武间任。
王文通。
袁淳。俱弘治间任。
孟云。
宋志嵩，湖广人，正德间以教职谪任，尝应试。
王廷相，正德间任。
武镤，山西闻喜人，嘉靖元年任。
张铠，山东高唐州人，嘉靖七年任。
袁志明，湖广应城人，嘉靖十一年任。
吕钺，山东临清州人，嘉靖十四年任。
杨禄，山东馆陶人，嘉靖二十年任。
梁思齐，山东恩县人，嘉靖二十五年任。
鲁锐，直隶滦州人，嘉靖二十七年任。

阴阳学训术

王原，洪武间任。
胡楷，成化间任。
吕鉴，弘治间任。
袁磊，嘉靖四年任。
唐宽。
马逢旸。俱嘉靖三十年纳例。

医学训科

张仲刚，洪武间任。

孙俊，正统间任。

许鉴，成化间任。

夏定，弘治十六年任。

印岳，正德十三年任。

夏梧。

唐铸。俱嘉靖三十年纳例。

僧会司僧会

会海，洪武间任。

了义，天顺间任。

真定，成化间任。

宗鉴，成化、弘治间任。

宗澄，弘治间任。

道清，嘉靖间任。

道会司道会

胡应聪，成化间任。

缪本源，弘治间任。

钱真庆，嘉靖二年任。

六合县志卷之四终

六合县志卷之五

人物志

岁　贡援例附

古者，诸侯岁贡士于天子，汉制郡邑岁贡一人，令与计偕，盖科举之法未立，而岁贡之制已定。遐哉邈矣！六合之贡，前代无考，仅自国朝志之，然久远者不复可稽，其人近而可据者，并纪其事，用备后人之考求云。

国朝

夏政，洪武十七年贡。是年始奉例岁贡生员一人。

严雍，洪武十八年贡。

薛真，洪武十九年贡。

张仪，洪武二十年贡。

侍懋，洪武二十一年贡，任四川綦江县学教谕。

吴良，洪武二十四年贡，任山东章丘县学教谕。

姜琳，洪武二十六年贡。

周瑛，洪武二十七年贡，任直隶广宗县典史。

褚著，洪武二十八年贡。

何琮，洪武二十九年贡，任福建晋江县知县。

许彬，洪武三十年贡。是年，奉例县学三岁贡一。

唐忠，洪武三十三年贡，任江西抚州府通判。

季同，永乐元年贡，任江西乐平县知县。是年，奉例县学每岁贡一。

俞亨，永乐二年贡，任江西九江府检校。

孙翥，永乐三年贡，任四川布政司经历。

陆临，永乐四年贡，任福建建宁右卫经历。

丁子受，永乐五年贡。

郑猷，永乐六年贡。见“进士”。

王用，永乐七年贡，任陕西会宁知县。

胡晔，永乐八年贡，任监察御史。是年，奉例生员年及四十者，许应贡。

凌皜，永乐八年例贡，任直隶内黄县丞。

邵显，永乐八年例贡，任直隶浚县主簿。

毛昺，永乐八年例贡，任四川乐池县主簿。

郭曦，永乐九年贡。是岁，四十岁例止，仍旧每岁贡一。

郭维新，永乐十年贡，任山东青州府通判。

魏昶，永乐十一年贡。

朱昭，永乐十二年贡，任河南彰德府照磨。

马昌，永乐十三年贡，任江西乐安县主簿。

吴秉，永乐十四年贡，任府照磨。

曹奎，永乐十五年贡。

侯旭，永乐十六年贡，任山东莱芜县主簿。

马駥，永乐十七年贡，任山西平遥知县。

王晟，永乐十八年贡，任广东海康主簿。

周文，永乐十九年贡。是年，奉例县学生每三岁贡一。

许端，永乐二十二年贡。

徐弘，宣德二年贡。

王瑄，宣德五年贡，任湖广浏阳县丞。

王敬，宣德七年贡，任广武卫知事。

王善，宣德十年贡，任福建崇安县丞。

徐信，正统二年贡，任浙江瑞安县丞。

祁福，正统三年贡，任浙江崇德县丞。是年，奉例县学生每二岁贡一。

马骧，正统五年贡。

沈渊，正统七年贡，任湖广上津知县。

夏惠，正统九年贡，任广东高要县丞。

蒋贵，正统十一年贡，任湖广黄陂县丞。

茹斌，正统十三年贡，任江西南丰知县。

朱谊，景泰元年贡。是年，奉例县学生每岁贡一。

沈谅，景泰二年贡。

袁义，景泰三年贡，任河南临漳知县。

袁敏，景泰四年贡，任直隶祁州判官。

陆斌，景泰五年贡，任浙江龙游县丞。是年例止，仍二岁贡一。

胡深，景泰七年贡，有孝行，见“旌表”。

陶亨，天顺二年贡，任四川广安州同知。

李广，天顺四年贡，任山东峄县丞，以子杰赠太常博士。

陆富，天顺六年贡，任主簿。

季恒，天顺七年贡，任湖广巴陵知县，居官以贤能称，见《湖广通志》。既归，捐赀造本学祭器，今存。是年，奉例生员年四十以上者应贡。

胡汉，天顺七年贡，任湖广襄阳府知事。

陆渊，天顺七年贡，任直隶广宗县丞。

孙景祯，天顺七年贡。

陆瓛，天顺七年贡，任湖广荆州左卫经历。

唐继宗，天顺八年贡，任江西按察司检校。是年，奉例县学生贡二，以后仍照常二岁贡一。

史海，天顺八年贡，授湖广常德府检校，升福建延平府照磨。按例本年以后既云照常二岁贡一，则此下除成化纪元当于二年有贡，今直承以四年，是缺一贡矣。及考《成化志》载，海为二年贡，例志异宜，疑有脱误，姑从例书。

季昊，成化四年贡。

孙棐，成化六年贡。任山东鱼台知县，长于诗文，善作真草字，今间有藏其遗迹者。居官廉介不阿，以是忤分巡官去。

陈璧，成化八年贡，任浙江嵊县丞。

俞冕，成化十年贡。

刘文，成化十二年贡，任王府审理副。

曹永宁，成化十四年贡。

朱瓛，成化十六年贡，任浙江平湖主簿。

胡鹏，成化十八年贡，任江西南昌府经历。

林允义，成化二十年贡，任福建按察司知事。

杨冬，成化二十二年贡。

孙景仁，弘治元年贡，任辽东三万卫经历，升广西全州同知。

毛珵，弘治三年贡，任福建建阳教谕，有孝行，见“旌表”志。

王玺，弘治五年贡。

陆楷，弘治七年贡。

周弼，弘治九年贡，任辽东卫经历，升蓟州判官。为人纯笃，以疾乞致仕。

严伦，弘治十一年贡，任河南沈丘训导，到任二三年引疾致仕。

袁昶，弘治十二年贡，任四川南川县知县。是年，奉例每岁贡一。

王绅，弘治十三年贡，任河南温县训导。

汪洋，弘治十四年贡，授太仆主簿，左迁湖广衡州府经历，升桃源知县。

夏銮，弘治十五年贡。是年例止，仍二岁贡一。

陈绅，弘治十七年贡，任辽东广宁卫经历。

杨诚，正德元年贡，授广东南雄府学训导，升连山教谕。

黄仲明，正德三年贡，授湖广永顺宣慰司都事。

刘瑀，正德五年贡，授贵州施秉县知县。

俞庄，正德七年贡，授浙江温州府学训导，升河南伊阳教谕，升鲁府教授。

毛冕，正德九年贡，授山东莱芜训导。

袁磔，正德十一年贡，授山东泗水知县，升汉中府通判。居官廉干，泗水祀于名宦祠，移文六合，入祀乡贤祠。

陆鏶，正德十三年贡，授广东盐课司提举。是年，奉例每岁贡一。

季维，正德十四年贡，授湖广襄阳府学训导，升光化教谕。平生有诗才，为人狷介不苟为，教以风纪作士，士之贫者周之，当道考曰："一钱不取于门生，素行无愧于屋漏。"

陆金，正德十五年贡，授江西南昌卫经历，未任卒。

毛琇，正德十六年贡，授霸州学训导。

陆德，嘉靖元年贡。是年例止，仍二岁贡一。

陆昌，嘉靖三年贡，授山东临朐知县。

吴铱，嘉靖五年贡。

章宪，嘉靖七年贡。

张昂，嘉靖九年贡，授江西会昌训导，到任四年，引疾致仕，诗文有古风。

孙简，嘉靖十一年选贡，工举业，亦解吟咏，为人忠实寡言，尝以经业授弟子，务循师道，未授官而卒。是年，奉例选贡，仍开贡每岁贡一。

袁悌，嘉靖十二年选贡，授贵州思南府推官。

张举，嘉靖十三年选贡，授江西瑞州府通判。是年，开贡例止。

黄绍文，嘉靖十五年选贡，授江西南安府学训导，升福建晋江教谕。是年，选贡例止。

钱涌，嘉靖十七年贡，授浙江会稽训导。是年，奉例开贡，每岁贡一。

郑洛，嘉靖十八年贡，授湖广汉阳府学训导。

杜讲，嘉靖十九年贡，授直隶威县训导。

章慈，嘉靖二十年贡，授浙江龙游训导。

陈清，嘉靖二十一年贡。是年，开贡例止。

李禾，嘉靖二十三年贡。

陆澍，嘉靖二十五年贡。

季思，嘉靖二十七年贡。

朱一峰，嘉靖二十九年贡。

徐沂，嘉靖三十一年贡。

成化二十一年奉例以生员输粟入监

郑铱。

夏玺。

章清，授福建福州府经历。

陈杰。

郑传。

王聪，授浙江金华县主簿。

詹寅，授蔚州左卫经历，升浙江新城知县，未任卒。

湛倜，授江西广信府永丰县主簿。

毕胜，授南京鸿胪寺序班。

张钺，授河南按察司照磨。

正德三年奉例以生员纳银入监

朱良栋，授浙江汤溪县丞。

厉垍。

厉堙，授四川西充县主簿。

正德十六年生员奉例入监

谢珙，授浙江余杭县主簿，嘉靖初待次铨曹，尝奏复古乐事，下[1]不见采。其于先墓则置祭田，树松柏，亦慕古者云。

田叙。

赵铣，授浙江富阳县主簿。

汤诚，授浙江宁海县主簿。

嘉靖三年生员奉例入监

胡遵。

松冕，授长芦盐运司经历。

陆瑀，授福建盐运司经历。

印岺，授河南汝州判官。

嘉靖十四年生员奉例入监

张怡。

---

① 下：疑当为“上”。

杨郡。

朱忠。

朱懃。

嘉靖十六年生员奉例入监

厉安。

张性。

夏桐。

嘉靖二十三年生员奉例入监

胡昪。

胡旦。

厉邦化。

汤诏。

嘉靖二十五年生员奉例入监

胡昌。

金汝砺。

嘉靖二十八年生员奉例入监

厉怀忠

嘉靖三十二年生员奉例入监

夏植。

刘梦吉。

乡 贡

成周乡举之法，以乡三物教万民而宾兴之，是后历代取士不同。国朝令各省三岁一试士，中式者荐于春官，自是或与会试之选而登甲科，或由乙榜国学而授官守，栋梁榱桷，咸用世之才矣。故志乡贡。其间年远而无稽者，止列其名，近世可以稽其行实者，则载其事云。

余文，中洪武十七年乡试，官至兵科给事中。

许旸，中洪武二十三年乡试，官至江西按察司佥事。

傅谦，中洪武二十九年乡试，授教谕，升浙江天台县丞。

吴珏，中洪武二十九年乡试，授任丘县学训导。

夏润，中洪武三十二年乡试，授广西镇远府经历。

尹旻，中永乐三年乡试，授大名府学训导。

孙智，中永乐三年乡试，授广东潮州府检校。

缪衍，中永乐六年乡试，官至提学佥事。

刘晏，中永乐十八年乡试，授广东高州府推官。

田琮，中宣德七年乡试，授山东莱阳县学教谕。

季璘，中正统三年乡试，授河南鄢陵县学教谕。成化间，纂修六合志。

郑瑛，中正统十二年乡试。见“进士”类。

李景修，中景泰元年乡试，授浙江江山知县。

黄缙，中天顺三年乡试，授直隶邯郸知县，升湖广黄州府通判。善作字，长于诗。

詹倗，中天顺三年乡试，授山东历城知县，改福建永春县。

吴善，中天顺六年乡试，授山东巨野知县。性行纯笃，居官廉慎，及归，养高自重，不事干谒。年四十丧偶，不再娶，不畜媵妾，其为人盖笃于义而不逐流俗者也。

俞禄，中成化元年乡试。见“进士”。

余深，中成化七年乡试。

黄肃，中成化七年乡试。见“进士”。

谢瑄，中成化十年乡试，授山东东昌府通判，升江西吉安府同知。

袁文纪，中成化十三年乡试，授浙江龙游知县，升台州府通判。

王弘，中成化十六年乡试。见“进士”。

印宝，中成化十六年乡试，授四川重庆府通判，升湖广澧州知州，升宝庆府同知，进阶朝列大夫。

张瓒，中弘治八年乡试，授浙江余姚知县，调湖广竹溪县，所至以才能称。

黄宏，中弘治十四年乡试。见“进士”。

李杰，中弘治十七年乡试。见“进士”。

张恺，中正德八年乡试，授湖广澧州知州。

马逢伯，中嘉靖四年乡试，授浙江昌化知县，升山东泰安州知州。

张在，中嘉靖十九年乡试。

金鸿，中嘉靖二十五年乡试。

黄骅，中嘉靖三十一年乡试。

进　士

进士之科，唐宋以来重之。世之位极通显，功业表著者，往往由此途出。六合之典籍散逸，前代无考者缺之，其可据者并载其行实以传，不另志也。

宋

仇著，新安乡人，中庆历三年[①]杨寘榜。著，字仲约，其先苏人，唐贞观[②]间游官于淮，葬于上沛，子孙遂家于此。著登第，历官四十年至朝散大夫，知梓州。

赵万，中乾道八年黄定榜。

钱有嘉，中淳熙八年黄由榜。

孙侅，中开禧元年毛自知榜。“侅”或作“侯”。

季可，中保祐元年姚冕榜。历官御史，同御史陈过论贾似道党，皆贬斥，朝论快之。见《嘉定志》及《南畿志》。

国朝

郑猷，中永乐十三年陈循榜，授行在翰林院检讨，迁福建布政司理问。猷初以县学生应永乐六年贡，有旨令礼部选能书者，猷与焉。适会试天下士，上命送猷等四人入试，遂登第。

---

① 三年：据《顺治六合县志》卷六和今人龚延明、祖慧编著《宋代登科总录》当为“二年”。“杨寘榜”为宋庆历二年(1042)。

② 贞观：底本作“正观”。

郑瑛，中景泰三年[①]孙贤榜，授刑部主事。能执法，京师号曰“郑关门”。

俞禄，中成化五年张升榜。

黄肃，中成化十四年曾彦榜，知河南新郑县，升工部主事、刑部员外郎，擢广西佥事、湖广兵备副使，以军功升三品，宦辙所至，即有勋业。

王弘，中弘治六年毛澄榜，历官至广东按察司兵备副使。弘治初以行人升南京监察御史，劾逆瑾擅权事，被逮，杖夺其官。后瑾诛，起为广东佥事。执法不阿，部内有辅臣之子杀人，为不道事，久不敢坐，弘悉，置之法，以是敛怨。升海南兵备，寻罢。平生有诗名，都御史东湖吴公赠之诗曰：“四海王巴山，诗名六十春。”

黄宏，中弘治十五年康海榜，累官江西布政司左参议。死节，赠太常寺少卿，祀旌忠祠。详见“忠贤”志。

李杰，中正德十二年舒芬榜，授太常博士，升南京刑部员外郎，广西按察司佥事，为人温雅，有学识。

杂　途

国家以科贡取士，谓之正途，其得人为盛。然兼收器使，初不以此限天下士也。秦穆公用百里奚于牛口，汉武帝得卜式于贾竖，世岂无若人以待天下之用哉！六合以杂途进而膺一命者多矣。旧志略而不录，今特志之，以俟兴起者焉。

季全，东里人，洪武中曾伯祖大有以人材选充锦衣校尉，弘治间全嗣役办事东厂，正德间以缉获功进总旗，寻升百户，历升锦衣卫指挥佥事，管镇抚司事，尝赐蟒衣三袭及新刊《通鉴》、佩刀、钩环之类。

王英，六合人，亦充锦衣卫校尉，以缉办功升锦衣卫百户。

马昂，授浙江宁波府仓副使。

高宽，授浙江太平县广盈二仓大使。

袁淳，广东增城县清留仓副使。

---

① 三年：据《顺治六合县志》卷六和《景泰五年进士登科录》(龚延明主编，方芳点校《天一阁藏明代科举录选刊——登科录上》)当为“五年”。

胡友才，湖广布政司司狱。

戚华，浙江仙居县田市巡检司巡检。

袁鼎，广西贺县巡检司巡检。

刘兰，山东宁阳县典史。

武秀，山东冠县典史。

王道，江西上饶县典史，复任浙江崇德县。

周锦，河南中牟县典史，升江西上犹主簿。

方聪，广东增城县东洲驿丞。

马禄，京卫仓副使，升广东恩平驿丞。

胡能，四川威农长官司吏目。

孙卿，湖广竹溪县竹山仓副使。

许灿，湖广显陵卫知事。

陈鼎，南京府军卫仓副使。

王铣，山东盐运司信阳场副使。

潘岱，湖广沅江县典史。

孙节，湖广郴州丰济仓大使。

孟阳，广东海北盐课司大使。

康福，江西新喻县典史。以上俱由吏员。

厉堣，由承差授福建白莲驿丞。

陈钿，由礼部篆文生授四川叙州府检校。

忠　贤

六合人物于科贡中各著其事矣，其有死于忠，而以贤称者，得一二人焉，特为之传。

南北朝宋

张约之，秦郡人，前吉阳令，性耿介不阿。宋景平三年①春正月，废庐陵王义真为庶人，徙新安郡，约之上疏谏曰："义真庐陵王，少蒙先皇优慈之

① 三年：《万历六合县志》作"二年"。考，据梁沈约《宋书》卷六一记载，义真被杀时间为"宋景平二年"，其被废为庶人的时间当在这个时间之前，故以《万历六合县志》记载为是。

遇，长受陛下睦爱之恩，故在心必言，容犯臣子之道，宜加容养，录善掩瑕，训尽义方，进退以渐。今猥加剥辱，幽徙远郡，上伤陛下常棣之笃，下令远近恇然失图，伏思大宋开基造次，枝条未蕃，宜广树藩戚，敦睦以道。人谁无过，贵能自新，以武皇之爱子，陛下之懿弟，岂以一眚，长致沦弃哉?”疏奏见杀，人至今哀之，议者以为有田延年之风。见《通鉴》《成化志》《南畿志》

国朝

黄宏，字德裕，由进士累官至江西左参议。时逆濠暴横，纵盗凌闵之党为乱，匿于墓所，宏率兵讨之，获其孥，以是忤濠。及濠反，诸司官被胁，多观望者。独抗不屈，濠缚之，被桎梏下狱，愤愤义不辱，以杻自戡其胸，引系索自蹙其项，死之见巡按御史唐龙《表忠传》及三司勘文。事闻，赠太常寺少卿，与孙许共祀旌忠祠。平生持己正，待人厚，尤笃于孝。初令万安，升户部主事，乞恩就养，改南京刑部，进户部员外郎祠部郎中，擢前职。所至有廉能声，万安为立名宦祠，南安郡邑为立报功祠，省城立怀忠祠，六合有乡贤祠、忠贤祠。事见《江西通志》《南畿志》及《南安》《吉安志》。

隐　逸

上有尧舜，下有巢由，士固有志焉。六合于前代得逸氏一二，庸志之以高其风。

唐

陈融，广陵郡棠邑人，博学洽闻，肥遯不仕。东平吕温寓居是邑，见乡有善俗，曰:“此必有仁贤。”访之故老，咸曰:“吾里陈融，有盛德，远近争慕效之，此风俗所以溢美也。”卒谥曰“贞晦先生”，温作记，见《文类》。《成化志》。

元

郭渊，字巨川，六合人，唐汾阳王子仪胤也。宋季群盗起，渊聚族为堡，以保众庶。元大德末，淮南饥，为飦粥以活流民。贫鬻子自救者，抚育成人而归之。尝得遗金，亟还其人，其所为大率类此。至其淹贯经史，才足用世，而避乱于宋，不屑于元，竟肥遯自甘，则又识趣之最高者，乡人私谥曰“盘城先生”，详见学士宋濂《哀词》。见《成化志》,《哀词》见《文类》。

文 人

经天纬地，文之大者也。世以优于问学，工于辞章者，谓之文。圣贤之道，非文无以见，天下之事，非文无以彰，文之为用大矣。六合为文献地，而经历兵燹，典籍散逸，其文人无考，兹据旧志仅得一二云。

宋

仇博，字彦文，新安乡人，质敏博学，善属文。父著，知梓州，尝建至乐堂。博年十三作记，东坡见而奇之，抚其背曰："后生可畏。"后应举不第，慨然泛舟，泝采石，谒李白祠，与之对饮，诔之以文，有曰："不知我者，谓我狂且逸；知我者，谓与君同辈"辈"字疑误不同时。饮罢别君去，长江吞天红日沉。"尝作《雪中失白马》诗。见《嘉定志》《成化志》，诗见《诗类》。

崔子房，字彦直，涪陵人。徙居县南，通《春秋》学。与东坡、山谷诸名士游，尝知滁州，曾子开作记，刻石醉翁亭侧。又尝与欧阳文忠公辩《芳草涧》诗。事见《嘉定志》。按：《成化志》谓子房授《春秋》经学于东坡、山谷，仕至知滁州事，不知何据，疑其简阅之误耳，今据《嘉定志》正之。

武 功

戡祸定乱，莫先于武，武之为用大矣。六合以武功著者，于前代得一人，于国朝得数人焉。其英雄之士，乘时而起者欤。故志之。

南北朝陈

吴明彻，字通炤，秦郡人。幼孤贫，性至孝，力耕以修坟墓。时亢旱，仰天号哭，果雨。好书史，从周弘正学天文、遁甲、阴阳之术，以英雄自负。陈武帝时，拜安南将军，文帝迁吴兴太守，讨平华皎，进爵公。宣帝议北征，决策请行，加侍中都督征讨诸军事，大破齐师于吕梁，沿江城镇相继降款，既克秦郡，帝以明彻乡里，诏具太牢，令祭其冢，文武羽仪甚盛，乡人荣之。见《通鉴》及《嘉定》《成化志》

国朝

杨能，六合人，正统间随诸父屡立边功，累官至都督，镇守宣府有功，进封武强伯。

陈逵，六合人，正统间忠义右卫指挥同知，涖事公勤，被荐，天顺间升都指挥佥事，坐营管操，推选廉干，实授都指挥同知，赐银币，镇守通州，有敕二道，载“制命”志。

王仪，六合人，为扬州卫千户。洪武中以累功升都指挥同知，寻调河南都司。《维扬志》

庞琳，六合人，江西袁州卫指挥同知。《袁州志》

唐钰，六合东里人，福建泉州卫指挥佥事。子济澄嗣。《泉州志》

旌　表

《书》“旌别淑慝，表厥宅里”，旌表之义远矣。武王表商容之闾，唐宋褒义门之类，皆此意。国朝于孝子顺孙、义夫节妇，咸旌表以励俗，故志“旌表”。其有实行而未及闻者附载之，亦不没其善云。

国朝

胡深，东里人，为邑庠生，父没，庐墓三年，哀毁逾礼，邑大夫以其事闻，诏旌其门。《成化志》

胡瑛，东里人，正统五年大饥，捐米一千一十石备赈，事闻，赐敕嘉奖，旌为义民之门。《成化志》，敕载“制命”志。

毛程，字公度，邑庠生。事亲孝，父没，擗踊哭泣，哀毁骨立，庐墓三年，有鹊驯扰茔树，遇其悲号，辄鸣跃，若助哀然，后服阕去，鹊亦不复留，人异之。《成化志》

王岳，东二都人，父允恭遘疾，久不瘥，昼夜侍汤药，疾剧，焚香祝天，求以身代，刲股肉烹粥以进，疾愈，人以为孝感云。《成化志》

徐氏，上三都民郭盟妻，夫亡，时年一十九，生子庸，以礼葬其夫，誓不再嫁，纺绩种殖，恪守妇道，抚子成立，年逾七十卒。寡居五十余年，无纤毫玷。宣德间，事闻，诏旌其门。《成化志》

朱氏，邑人王经妻。经失脚坠楼死，时二子俱襁褓，朱悲痛抚二孤曰：“汝父既死，我生何为?”啮指焚香，誓必自随。家人闻之，昼夜环守，更代不息。月余，守者少懈，乘间自缢。《成化志》

谢氏，年二十归邑庠生胡澄，不三载澄没，方怀妊三月，哀恸垂绝，水浆不入口者三日。及既蓐女也，舅姑怜其少，欲令改节，氏曰："吾幸有女，他日纳一婿，足养吾身，苟不从，惟有死耳。"舅姑遂不之强。自是不事膏泽，括发布素，无故足迹不出户，虽归宁不行。适母丧，即往哭临，不宿而还，以老寿终。《成化志》

袁氏，名嫥，天长袁谌女，许适六合庠生郑瓘。瓘得癞疾，父母、舅姑皆欲改所适，女闻悲恸求死，欲侍瓘疾，父母不得已，归瓘。侍疾惟谨，越二年瓘卒，又求死不获，舅姑哀其志，乃取夫兄之幼子俾抚之为瓘后，意稍解。平生性至孝，足不逾阈，能通《列女传》诸书，当时士大夫多称咏之。《天长志》

唐妙贞，军人陈毛儿妻。其夫死，妙贞少艾无子，誓不嫁，终事其姑。姑死，人求之益力，乃佯许，告其邻曰："吾梦失火，不可不储水为备。"因积薪床下，夜纵火自焚，人咸哀之。事在成化间。

毕氏，庠生季文奎妻，年二十四丧夫，无子，终制自缢。正德五年旌表其门。

江氏，民人马鉴妻。夫亡，江氏少且贫，躬绩织以事姑，抚二孤成立。逾八十卒。嘉靖十年旌表其门。

吴氏，适民人许坦。年二十，夫亡，父母舅姑以其贫甚不可以守，强使再嫁，吴氏惧，自缢。

马氏，民人孙彦斌妻。年二十三丧夫，遗腹一子，自誓守节，家贫甚，躬纺绩，终养舅姑。又营治伯姆辈数丧，抚子成立，年八十余卒。知县林幹尝遗米肉、棉花及书"贞节"二字以旌之。

郑氏，民人陆明妻。年二十一夫亡，一子甫三岁，誓不再适，父母、舅姑强之不可夺，年八十余终。知县林幹书"贞节"二字旌之。

刘氏，东里民人许完妻。年二十七，完卒，誓不再适，躬纺绩，甘贫守节，侍三姑，以礼殡葬。抚四子，迁教成立，足不逾阃者四十七年，以寿终。

毛氏，监生郑铢妾。年二十五，铢卒，正室张氏长而无子，毛生子二，长甫四岁，家贫，自誓抚孤以继夫志，躬纺绩，养舅姑，事正室尤谨，甘贫苦节，足不逾阃阈者六十年，年八十五终。

仙　释

仙以长生了命为事，释以悟空了性为宗，虽涉虚寂，与吾儒性命之学不同，要之历精勤，游方外，各毕其志而已。观朱子感兴之诗，固未尝终谓无若人也。六合仙释，旧乘有录，兹故益以所闻而并志之。

张果。按旧志，唐扬州六合园叟也。其邻韦恕，自扬州曹掾秩满，寓居园上，有女既笄，叟赂媒媪而强赘焉。居无何，亲戚父母恶而远之。叟于是携妻辞去，临别曰："王屋山下有小庄，他日相思，可令大兄来天坛山南相访。"越数年，遣长子义访之天坛山南，遇一奴耕田，问之，奴引与俱上一山，十余里景色渐异，有一甲第，朱户楼阁参差，奴曰："此张家庄也。"遂见叟，仪状俨然，容色如玉，及女盛饰，非世间所宝，进馔精美，不可名状。居数日，叟与女曰："此地神仙之府，非凡俗客得游，以兄夙契，亦不可久。"奉金二十镒，并与一席帽以饯别，且曰："金尽，可持帽于扬州北邸卖药王家，取钱一十万缗。"义归，父母亲戚方知叟为神仙也。后五年金尽，遂如其说，以席帽往，果得钱如数。恕思女叟，复遣义往，则不复见所谓张家庄矣。事见《幽怪录》。

神建。唐散籍七百高僧中一人也。传道四祖，游至灵岩山，立道场。初灵岩碑阴刻发运蒋之奇诗，述神建始末，今废。

惠琳。南宋沙门，秦郡人也。姓刘氏，出家住冶山祇垣寺，有文业内外之学，为庐陵王义真所爱。元嘉中，遂参权要，朝廷大事皆与议焉，谓之"黑衣宰相"。

沙应禅师。宋六合人也。姓李氏，受业于释迦院，诵经典。欲造佛殿，化缘扬州市，日有道人辄取其赀，莫之阻，因以相法授之。游京师，以"东明"二字赠蔡京，京始谓其字无益，后贬潭州，卒于东明寺，葬潭州岳麓。后游湖湘间，都督张魏公遇于大梁，师一见奇之，谓公必为国家建功立业，后公为作塔铭云："行纯而勤，心亦以诚，修有为果，证无漏身，岳之麓，湘之滨，是为师铭，我揭以铭，百世莫迁，考我以文。"

太虚。姓方氏，蚤入沙门，颖敏过人，兼通书史。成化间，被诏讲经，称旨，赐名"圆融禅师"，优礼归山，住招贤寺，一时名公如白沙陈公、琼山丘公、定山庄公，常与赓咏。年八十余，颜如童子，一夕无疾而终。白沙尝赠之诗有"众生尊我我须劳，公在吾儒公亦豪"之句。

六合县志卷之五终

六合县志卷之六

艺文志

制　命

朝廷锡命，庶位则有诰敕，其制五品以上为诰，六品以下为敕，乃当世之所荣，而人情之所同也。然恩不滥及，人不可以幸致，故志诰敕，以彰吾人重君命云。

敕六合县城隍

奉天承运皇帝制曰：帝王受天明命，行政教于天下，必有生圣之瑞，受命之符，此天示不言之妙，而人见闻所及者也。神司淑慝，为天降祥，亦必受天之命，所谓明有礼乐，幽有鬼神，天理人心，其致一也。朕君四方，虽明智弗类，代天理物之道，实罄于衷，思应天命，此神所鉴，而简在帝心者。君道之大，惟典神天，有其举之，承事惟谨。六合县城隍聪明正直，圣不可知，固有超于高城深池之表者，世之崇于神者则然。神受于天者，盖不可知也。兹以临御之初，与天下更始，凡城隍之神皆新其命，睠此县邑，灵祇所司，宜封曰监察司民城隍显祐伯。显则威灵丕著，祐则福泽溥施，此固神之德，而亦天之命也。司于我民，鉴于邑政，享兹典祀，悠久无疆，主者施行。

洪武二年正月□□日。

敕义民胡瑛

皇帝敕应天府六合县民胡瑛，国家施仁，养民为首，尔能出米一千一十石，用助赈济，有司以闻，朕用嘉之。今特赐敕奖谕，劳以羊酒，旌为义民，仍免本户杂泛差役五年，尚允蹈忠厚，表励乡俗，用副朝廷褒嘉之意。钦哉，故敕。

正统六年九月二十二日。

敕镇守通州等处都指挥佥事陈逵

敕镇守通州等处都指挥佥事陈逵，尔事国家，克效勤劳，兹朕复正位，及册立皇太子，宜有恩赉，特赐尔银币，尔其体朕至意，益效诚以副委任之重，故敕。

天顺元年三月□□日。

敕谕都指挥同知陈逵

皇帝敕谕都指挥同知陈逵，仍命尔镇守通州地方，提调通州并武清等卫所，官军操练军马，修理城池，御侮安民，遇盗生发，即便相机剿捕，仍把总提督马快船、南京运到官物并各处所进方物，及修桥梁、河堰等项，合用军夫，听尔于通州左右卫、神武、定边五卫从公差拨，如有势要之人到，多要船只、军夫等项，并威逼科敛财物，营干私事者，尔即便指实迹具奏。其天津卫地方相离不远，尔仍与同巡按御史时常往来，提督彼处官军，修理操练，禁革奸弊，如彼处卫所官员及刁泼旗军人等，有互相交构，纵肆非为，苦害良善，亦听尔与巡按御史具奏拿问。持廉秉公，以率下人，不许生事，扰害百姓，滥受词讼，沮抑客商，偏向行事，致人嗟怨，如或因循废弛，有负委托，尔罪亦不轻，恕尔其如敕奉行，故谕。

天顺二年六月初三日。

刑部湖广清吏司主事郑瑛并妻敕命

奉天承运皇帝敕曰：朕惟刑部掌天下狱讼，故置属于诸司，匪得其人，曷称委任。尔刑部湖广清吏司主事郑瑛，发迹贤科，擢居斯职，历年兹久，茂著能声，是用进尔阶承德郎，赐之敕命，以为尔荣。尔尚体朕钦恤之意，必使刑不滥，而民不冤，庶几无忝厥职，尔惟钦哉。

敕曰：夫妇，人之大伦，故朝廷推恩群臣，命必及之。尔刑部湖广清吏司主事郑瑛之妻李氏，恪循妇道，以相其夫，兹特封为安人，祗服荣恩，永光闺阃。

天顺四年九月初四日。

刑部湖广清吏司主事郑瑛父母敕命

奉天承运皇帝敕曰：国家推恩臣下，而必及其亲者，所以重本而劝孝也，亦何间于存殁哉。尔郑衡乃刑部湖广清吏司主事瑛之父，训成厥子，而禄养不逮，揆其所自，宜有显褒，兹特赠为承德郎刑部湖广清吏司主事，冥灵不昧，尚克承之。

敕曰：朕惟群臣之才者，固本于父训，亦必资母德焉。存则有褒，没则有赠，此有国之通制也。尔许氏乃刑部湖广清吏司主事郑瑛之嫡母，有子能官，而不逮养，泝惟所自，宜赐褒嘉，兹特赠为安人，九原有知，服斯宠命。

敕曰：母以子贵，古之道也，故群臣能举其职者，则必荣及其所生焉，所以敦本而厚伦也。尔陈氏乃刑部湖广清吏司主事郑瑛之生母，有子效用，克称厥官，皆尔善德所致，兹特封为太安人，尚其钦承，永绥禄养。

天顺四年九月初四日。

浙江衢州府龙游县知县袁文纪并妻敕命

奉天承运皇帝敕曰：郡县亲民之政，每询于按部之间，朝廷锡命之荣，咸出于考绩之外，故法有定制，而恩有特施。凡沾旌异之名，必在褒嘉之列。尔浙江衢州府龙游县知县袁文纪，名登乡榜，官领邑符，爱民勤抚字之方，处已励操修之节，贤声既著，荐剡交腾，宜有渥恩，以申旌劝，兹特进尔阶文林郎，锡之敕命。於戏！治民莫先于获上，已征名绩之良，善始尤贵乎保终，庶竭猷为之益，明训具在，尚克祇承，钦哉。

敕曰：臣有事君之功，妻有从夫之义，故录贤劳于国，必推宠命于家，存没虽殊，恩典则一。浙江衢州府龙游县知县袁文纪妻林氏，出自名门，嫔于良士，方著宜家之善，遽违偕老之心，宜锡褒章，用昭往懿，兹特赠为孺人，庶彼幽灵，服斯明命。

敕曰：妻必有继，式隆馈祀之仪，恩贵乎均，爰及褒封之典。兹惟著令，实体恒情，浙江衢州府龙游县知县袁文纪继室张氏，幼闲姆训，继配儒流，虽未躬井臼之劳，亦克效蘋蘩之职，宜推恩典以示褒荣，兹特封为孺人，祗服宠名，益隆阃范。

弘治十一年六月二十一日。

浙江衢州府龙游县知县袁文纪父母敕命

奉天承运皇帝敕曰：国家隆使臣之礼，原教子之功，爵赏既加其身，褒封必及其父，义实通于今昔，制不异于存亡。尔袁广乃浙江衢州府龙游县知县袁文纪之父，晦迹韬光，读书履善，义方之美，已收效于甲科，禄养之荣，竟遗哀于风木，乃因子绩，用示褒崇，兹特赠为文林郎浙江衢州府龙游县知县，冥漠有知，歆承无斁。

敕曰：子之于母孝，爱盖极其深；君之于臣礼，意必从其厚，故养有不逮，而恩无弗加。尔陈氏乃浙江衢州府龙游县知县袁文纪之母，敬戒无违，贤明有则，笃成令子，茂著时名，顾禄养之未沾，岂褒章之可吝。兹特赠为孺人，涣名是承，幽冥永慰。

弘治十一年六月二十一日。

山东东昌府通判谢瑄并妻敕命

奉天承运皇帝敕曰：亲民之政，非久不成，锡命之荣，惟贤是予，顾典章之具在，实激劝之所关。尔山东东昌府通判谢瑄，论秀乡闱，擢官府倅，才既优于综理，志克谨于操修，阅岁既深，课功斯最，爰稽彝典，用示褒恩，兹特进尔阶承德郎，锡之敕命。於戏！治民莫先于获上，已征名绩之良，善始尤贵乎保终，庶竭猷为之益，训辞具在，尚克祗承。钦哉。

敕曰：夫妇之际，风化所先，君臣之间，恩礼攸在，况乃贤能之配，可无褒锡之荣。山东东昌府通判谢瑄妻沈氏，出自名门，嫔于儒族，俭勤自励，克共馈祀之仪，儆戒相成，不废诗书之训，爰因夫贵，用示国恩，兹特封为安人，尚敦祗慎之风，益迓嘉祥之至。

弘治十三年五月二十五日。

山东东昌府通判谢瑄父母敕命

奉天承运皇帝敕曰：人子事亲之道，莫大于显扬，朝廷待士之恩，莫重于褒锡，此古今之通制，岂存没之殊科？尔谢麟乃山东东昌府通判谢瑄之父，迹晦丘园，家传诗礼，笃成令子，久著勤劳，既违禄养之荣，宜示褒崇之命，兹特赠为承德郎山东东昌府通判，尚期神爽之昭，益迓宠灵之贲。

敕曰：子之于母孝，爱盖极其深，君之于臣礼，意必从其厚，故养有不逮，而恩无弗加。尔张氏乃山东东昌府通判谢瑄之母，天性慈良，阃仪祗肃，相夫有道，教子成名，宜有渥恩，以申追恤，兹特赠为安人，涣号是承，幽冥永慰。

敕曰：继母有教育之德，不异劬劳，朝廷有褒锡之恩，实均荣贵，彝伦攸系，国典具存。尔孙氏乃山东东昌府通判谢瑄之继母，诗礼名家，士流良配，克勤内助，茂著阃仪，顾兹致用之才，亦尔育成之力，宜须恩典，以示褒崇，兹特封为太安人，肇服崇恩，永绥禄养。

弘治十三年五月二十五日。

蔚州左卫经历司经历詹寅并妻敕命

奉天承运皇帝敕曰：国家设军卫以安民，虽专武职，置幕官以领务，则用文资，寓义实深，任人宜慎。尔蔚州左卫经历司经历詹寅，发身胄监，列职幕僚，综理惟勤，操持罔懈，历年兹久，劳勚良多，兹特进尔阶征仕郎，锡之敕命。夫官不计崇卑，必求其称，事不论难易，务底于成，勉图进修，以俟甄擢。钦哉。

敕曰：臣有事君之功，妻有从夫之义，故录勤劳于国，必推宠命于家。蔚州左卫经历司经历詹寅妻陆氏，出自名门，归于良士，克勤内助，允有妇仪，夫既显荣，尔宜偕贵，兹特封为孺人，服此宠恩，永光闺阃。

正德元年四月十八日。

蔚州左卫经历司经历詹寅父母敕命

奉天承运皇帝敕曰：教子以忠，必使效劳于国，劝臣以孝，必为致宠于亲，顾惟世宦之良，可吝褒崇之命。尔故福建泉州府永春县知县詹倗，乃蔚州左卫经历司经历寅之父，莅政勤能，持身祇慎，久著亲民之绩，复成教子之功，宜有渥恩，以申褒恤，兹特赠为文林郎职如故，灵爽如存，尚其歆服。

敕曰：母德之慈，实兼乎教育，国恩之锡，特重于褒荣，肆缘报德之情，诞示貤封之命。尔张氏乃蔚州左卫经历司经历詹寅之母，性惟俭朴，行特端庄，相夫共馈祀之仪，教子著勤劳之绩，兹特封为太孺人，钦服宠名，益绵寿祉。

正德元年四月十八日。

南京礼部祠祭清吏司署郎中事主事黄宏并妻敕命

奉天承运皇帝敕曰：春卿统邦礼之司，任为特重，主事署郎官之政，责亦匪轻，必才行之俱优，庶职务之能举，旧都所在，厥任攸同。尔南京礼部祠祭清吏司署郎中事主事黄宏，拔俊贤科，分符剧县，茂著循良之绩，屡膺卓异之旌，肆进职于两京，久宣劳于三部，逮兹庶职，式长乃僚，勤慎在躬，动有裨于邦祀，公廉律己，实无忝于官箴，属当庆典之行，预示褒嘉之宠，兹特进尔阶承德郎，赐之敕命。於戏！礼兼名实，岂徒制度之详，绩别幽明，尚有官阶之陟，益臻来效，勉副训词。钦哉。

敕曰：妇专馈祀，仪刑不出于闺门，国重褒封，宠命必均于伉俪，况乃贤能之配，可无推锡之恩。南京礼部祠祭清吏司署郎中事主事黄宏妻林氏，仪度周详，性资婉嫕，秀钟旧族，德媲英流，礼义相成，志不忘于姆训，俭勤自励，动必协于家规，妇道既修，褒章宜锡，用旌内助，式耀中闺，兹特封为安人，尚敦祇慎之风，益迓骈蕃之宠。

正德六年六月初三日。

南京礼部祠祭清吏司署郎中事主事黄宏父母敕命

奉天承运皇帝敕曰:家教之善,于子贵为可征,锡命之荣,逮亲存为尤著,惟兹两得,自古为难,矧予郎署之英,具有严慈之庆,肆推恩命,实倍常伦。尔黄永庆乃南京礼部祠祭清吏司署郎中事主事宏之父,忠信不欺,礼法自守,敦行孝弟,仪刑著于家庭,抚恤孤嫠,仁惠孚于族鄙。矧明经之训,素严乎义方,致令子之才,蚤登于郎署,康强无恙,遐龄已逾乎八旬,光显惟新,褒宠宜申乎一命,福皆自致,恩岂徒施,兹特封为承德郎南京礼部祠祭清吏司主事,茂膺冠服之华,益享桑榆之乐。

敕曰:母氏劬劳,义实兼乎教育,朝廷宠数,礼特重于褒封,肆缘报本之情,诞施貤封之典,亦惟有德,始称厥名。尔张氏乃南京礼部祠祭清吏司署郎中事主事黄宏之母,武弁名家,善人良配,相夫治内,贤声播于族姻,教子登庸,嘉绩成于郎署,顾慈龄之既茂,属禄养之方隆,宜有宠章,以彰懿范,兹特封为安人,谅天道之足征,服休光于未艾。

正德六年六月初三日。

太仆寺主簿厅主簿汪洋并妻敕命

奉天承运皇帝敕曰:太仆之官,实司马政簿领之职,特综文移,必资通敏之才,始称繁剧之任。尔太仆寺主簿厅主簿汪洋,发身胄[1]监,擢任今官,在公著综理之能,处己励操持之志,历年寖久,考称是书,爰举彝章,用申褒劝,兹特进尔阶征仕郎,锡之敕命。於戏!居官以尽职为良,己征往勣,保誉以永终为善,勿替初心,尚有崇阶,以需来效。钦哉。

敕曰:夫妇有齐体之义,伦理所关,朝廷有锡命之荣,典章斯具,顾闺阃有关于风化,肆国恩无间于存亡。尔太仆寺主簿厅主簿汪洋妻袁氏,柔嘉维则,淑慎有常,秀钟诗体之家,德媲衣冠之彦,式勤内助,顾弗永年,音断瑟琴,夙愿已乖于偕老,宠颁纶綍,恤恩可吝于追崇,兹特赠为孺人,庶懿灵

① 胄监:指国子监,或指国子监的生员。底本误作"胃监",径改。

之有知，服休光于无斁。

敕曰：妇职专于馈祀，名不可虚，君宠重于褒封，礼无容废，此国家之定制，实闺阃之至荣。太仆寺主簿厅主簿汪洋继室张氏，礼度祗严，性资柔婉，夙遵姆训，继配儒流，井臼勤劳，虽未躬于家食，蘋蘩孝敬，亦克效于宗祊，妇道既修，褒章宜锡，用旌内助，式耀中闺，兹特封为孺人，尚虔儆戒之心，益迓骈蕃之宠。

正德十三年九月初一日。

太仆寺主簿厅主簿汪洋父母敕命

奉天承运皇帝敕曰：人臣以尽职为忠，人子以显亲为孝，故官守有勤劳之绩，则朝廷有褒锡之恩，此伦理所当崇，实风教所由系，典章具在，存没攸同。尔汪杲乃太仆寺主簿厅主簿洋之父，朴质不华，谦恭无竞，居乡乐善，素敦仁厚之风，教子成名，久著贤劳之绩，禄养既违于三釜，褒章宜贲于九泉，兹特赠为征仕郎太仆寺主簿厅主簿，尚期神爽之昭，益迓宠灵之至。

敕曰：母有教育之德，与父式均，君有推锡之恩，惟臣是劝，况乃贤能之绩，足征慈范之良，褒宠所加，幽明罔间。尔杨氏乃太仆寺主簿厅主簿汪洋之母，宦族遗风，善人良配，性惟至孝，心本多慈，敦礼义于家庭，动循内则，笃仁惠于族鄙，夙著贤声，眷惟令子之登庸，实出慈闱之遗训，顾鼎釜之养弗逮，而桮棬之泽犹存，爰体孝思，用申追恤，兹特赠为孺人，庶其未泯之灵，歆此至优之渥。

正德十三年九月初一日。

太常寺博士李杰并妻敕命

奉天承运皇帝敕曰：太常之职，于列寺为清班，博士之员，在群僚为高选，必才行之兼茂，斯名绩为有成，匪慎简求，孰堪委畀。尔太常寺博士李杰，学本家传，才堪世用，登名甲第，擢任今官，勤慎在躬，心实虔于邦祀，清严律己，志克守乎官箴，属当庆典之行，预示褒嘉之宠，名非幸致，恩岂徒施。兹特进尔阶文林郎，锡之敕命。於戏！恩出常科，慎勿忘于称报，才堪大用，尚有待于登崇，益懋乃庸，嗣膺子宠。钦哉。

敕曰：夫妇有齐体之义，伦理所关，朝廷有并命之荣，典章斯具，焕扬纶綍，式耀褕袆。太常寺博士李杰妻逵氏，柔嘉维则，淑慎有常，秀钟诗礼之家，德媲衣冠之彦，式勤内助，宜被显褒，兹特封为孺人，顺正是承，嘉祥未艾。

嘉靖元年五月十三日。

太常寺博士李杰父母敕命

奉天承运皇帝敕曰：父以教忠为贤，式隆佑启，子以养志为孝，务在显扬，此伦理所当崇，实风教所由系，揆承传之有自，宜恩宠之涣颁。尔原任山东兖州府峄县县丞李广，乃太常寺博士杰之父，业本明经，才成胄监，佐知二县，式多惠政之遗，安享七旬，终有善人之报，乃有贤子，名显甲科，爰推锡类之人，特畀追崇之典，兹惟教孝，亦以励忠，兹特赠为文林郎太常寺博士，庶其未泯之灵，歆此至优之渥。

敕曰：母有教育之德，与父式均，国有推锡之恩，惟臣是劝，式关风教，无间存亡。尔杨氏乃太常寺博士李杰之母，慈孝夙全，俭勤兼至，克佐义方之训，卒成贤子之才，推厥本原，宜加恩典，兹特赠为孺人，九原有耀，百世其昌。

嘉靖元年五月十三日。

六合县志卷之六终

六合县志卷之七

艺文志

文　类

文，载道之器也。自圣人之道行，而人文大著，天下郡邑莫不有文焉。六合古称文献地，其赠送、贺寿之言，行状、墓铭之类，家有藏者，未可胜纪。兹特据旧志及续建碑碣，取著于篇。

瓜步山碣[①]　鲍　照南北朝宋人

岁合[②]龙纪，月巡乌张，鲍子辞吴客楚，措[③]究归扬，道出关津，升高问途。北眺毡乡，南瞻炎国，分风代川，揆气闽泽，四睨天宫，穷曜星络，东窥海门，候景落日，游精八表，驶视四遐，超然永念，意类交横。信哉，古人有数寸之籥，持千钧之关，非有其才施，处势要也。瓜步山者，亦江中眇小山也，徒以因迥为高，据绝作雄，而凌清瞰远，擅奇含秀，是亦居势使之然也。故才之多少，不如势之多少。仰望穹垂，俯视地域，涕洟江河，疣赘丘岳。虽奋风漂石，惊电剖山，地沦维陷，川斗毁宫，豪盈发虚，曾未注言。况乎沉

---

① 碣：钱仲联增补集说校《鲍参军集注》卷二作“楬文”。
② 合：钱仲联增补集说校《鲍参军集注》卷二作“舍”。
③ 措：钱仲联增补集说校《鲍参军集注》卷二作“指”。

河浮海之高，遗金权[1]璧之奇，四迁八聘之策，三黜五逐之疪[2]，败交买名之薄[3]，吮痈舐痔之卑，安足议其是非。《南畿志》

石帆铭 鲍照

应风剖流，息石横波，下潨地纽[4]，上猎星罗。吐湘引汉，歙蠡吞沱，西历岷、冢，北泻淮、河。眇淼[5]弘蔼，积广连深，沦天测际，亘海穷阴。云族[6]未起，风柯不吟，崩涛山坠，郁浪雷混[7]。在昔鸿荒，刊启源陆。表里民邦，经纬岛[8]服。瞻贞视晦，坎水巽木，乃刿[9]乃铲，既剞既斲。飞深沉[10]远，巢潭馆谷。涉川之利，谓易则难；临渊之戒，曰危乃安。泊潜轻济，冥表勒[11]言。穆我戒逐[12]，留[13]御不还。徒悲猿鹤，空驾沧烟。君子彼想，祇心载惕。林简松栝，水探[14]龙鹢。觇气涉潮，投祭涵[15]璧；揆检含图，命辰定历。二崤虎口，周王夙超[16]趋；九折羊肠，汉恶[17]臣电驱。潜鳞浮翼，争景乘虚。衡石頳[18]鳐，帝子察殂；青山断河，后父陈躯。川吏掌津，敢告访途。《南畿志》

六合县题名续碑记

自春秋载棠邑文种为之宰，寥廓千祼，姓氏不传。晋安帝隆安初元

---

① 权：钱仲联增补集说校《鲍参军集注》卷二作“堆”。
② 疪：钱仲联增补集说校《鲍参军集注》卷二作“疵”。
③ 之薄：底本缺，据钱仲联增补集说校《鲍参军集注》卷二补。
④ 纽：钱仲联增补集说校《鲍参军集注》卷二作“轴”。
⑤ 淼：钱仲联增补集说校《鲍参军集注》卷二作“森”。
⑥ 族：钱仲联增补集说校《鲍参军集注》卷二作“旌”。
⑦ 混：钱仲联增补集说校《鲍参军集注》卷二作“沈”。
⑧ 岛：钱仲联增补集说校《鲍参军集注》卷二作“鸟”。
⑨ 刿：钱仲联增补集说校《鲍参军集注》卷二作“刻”。
⑩ 沉：钱仲联增补集说校《鲍参军集注》卷二作“浮”。
⑪ 勒：钱仲联增补集说校《鲍参军集注》卷二作“勤”。
⑫ 我戒逐：钱仲联增补集说校《鲍参军集注》卷二作“戎遂”。
⑬ 留：钱仲联增补集说校《鲍参军集注》卷二作“昭”。
⑭ 探：钱仲联增补集说校《鲍参军集注》卷二作“采”。
⑮ 涵：钱仲联增补集说校《鲍参军集注》卷二作“沈”
⑯ 超：钱仲联增补集说校《鲍参军集注》卷二作“趋”。
⑰ 恶：钱仲联增补集说校《鲍参军集注》卷二作“臣”。
⑱ 頳：钱仲联增补集说校《鲍参军集注》卷二作“赤”。

于六合山置令，隋因之，县始得名，而令之见于传记者，晋有范广，唐有房翰、郑继、崔儇、郏滂，至本朝有王时、薛季卿、朱定国而已，此壁记之不可废也。淳熙辛丑知县事曹组刻石于厅之东，仅自绍兴初，稽考年月而列之。嘉泰以来又阙不书，乃因而续于其后，庶几可以寓斯民之弗忘，抑使来者见贤思齐焉，见不贤而内自省也。嘉定戊寅八月庚子朔清江刘昌诗识。宋《嘉定志》

重建吴大帝庙记　长沙张建宏元人

吴城之山见于地志久矣，庙制之立，不知始于何年。盖自九有鼎分，肇都江左，则淮之西土，实为屏翰，戍守于兹，亦其宜也。遂辇石作堰，以大滁阳之浸，畚土为山，以城行殿之壮，外若崇墉相褒，内则纪堂廉坦，遐山迩水，献奇辅势，绰如也。迄其陟彼帝乡，后人因其故宫而祠之，犹荆昭王之殿城也。下及宋季，中间起废，多不可知，后有宗子赵某，葺故殿于端平之间。先祖徐汝谐建庙门于至元之始，皇元同轨，治道休明，咸秩山川之祀，命守官时祭，于斯礼物，视诸庙为重。矧一境之内，水旱疾疫，诚往扣圣，其应如响，独阴无生耳之忧，独阳无龟拆之患，疾疫则驱伯有而生惠气，樵牧山林者，不逢不若，是则神之福，斯土甚大，而宫庭卑陋，丹青不饰，暗昧不圭，奚其称欤？于是，先父斗祥常杖履登兹，锐然有原田之志，堵未画而大归，嗣谋叔兄，克绍治言，拓故基，溯巨植，砻净甓，奂轮俱新，其广五筵，其深九几，其高数仞，仍构后殿以为正寝，而处母仪焉。当宁之像，旧服紫而峨，弁翊卫承弼者，咸无其人，俾聪明仁智雄略之风，莫可肃俨，乃金帽柘袍，丰其体而穆其容，文有相君，武有甲士，视其故而增其四后，亦如之嫔嫱有列，而乾刚坤柔之位奠矣。神灵妥安，人心感悦。首事于至治癸亥之腊泰定改元日，北至东井，梓人告成，月合寿星，圣像供物斯具，飨而祀之。凡用财粟若干，用其二则劝于人，用其三则出于己，其两庑庙门易陋，创新倘锡之，屡丰当嗣，为之未晚也。既而，使来告曰：“吴城庙旧无牲饩，今幸成，则吾先父将不慊于冥冥之中矣。”遂书大概，以请子其为我记之，无以不能让焉。予不敏，谨复之曰：“子之继志述事，孝也;竭诚奉神,敬也;孝以守之,敬以行之,百祥戾止,神岂啬诸?”遂藻饰其来,请以为之记。俾归,刻之,若其江山之美,丘壑之趣,尚当策蹇杖枯以游,眵目以舒湮怀,举觞于檐蒲香中,为君赋之。时泰定三年,岁在乙丑农祥晨正吉日谨记。

重建龙王庙碑 茶陵倪元元人

《祭法》曰:“能御大灾则祀之。”呜呼!国以民为本,民以食为天。苟风雨不调,五谷不登,民之死生系焉。所谓大灾者,莫过于旱欤;能御大灾者,莫过于神欤。

六合县去城东北三十里曰马头山,有龙王祠,在山之椒,历有年矣。凡遇旱,官民必祷之,无不应,特患祷之者诚未至耳。至正十三年秋初,六合之境不雨弥月,土焦而禾病。时邑侯伯士宁公,忧形于色,不遑暇食,以民心为己心,以己意格天意。一之日沐浴,二之日斋戒,三之日夜半,精白一心,同耆宿士庶造龙祠,而致祷焉。是夜,海无纤云,山无点露,邑侯至止,时方昧爽,香未焚而云兴,祝读半而阴合,坐不移时,风雨如注,已而沛三日之甘霖,回万亩之生意。邑侯乃喟然叹曰:“龙之为神,其有功于民如此之博,《祭法》曰‘能御大灾者,其神乎’,其官民祀之者当矣。”惜乎庙之巍巍,日炙风号,木老瓦坏,檐楹倾颓,丹彩剥落,若不彻而新之,非所以尊严神像之高明,仰答神庥之景贶。于是先捐己俸,匠氏僝工,乃命耆宿王德用督其事,以十月二十一日落成。殿庭崇隆,栋宇雄壮,挹上天之星斗,俯下界之风云。吁!神人同欢,盛事完美,苟不记其岁月,则神之功于民者,虑日久而不彰,侯之感于神者,恐岁久而不著,且冀后之祷者,至此见之,曰“某年某月某日某官重修龙祠”,历历指视,必有感焉。庶祀神之不苟,思侯德之不忘,久或木瓦损弊,重而修之,祀神有怠,严而祭[1]之,岂独为今日庙貌之奇观,实有望神功于万亿,惠泽生民之意不爽,俾侯之休又与神同悠久而不斁也。铭曰:

---

① 祭:《万历六合县志》作“察”。

巍乎高哉，兹山之峰。冉冉斯征，云气从龙。时有亢旱，变年为丰。宜尔飨祀，唯神有功。厥庙翼翼，是为神宫。撤而新之，殿庭崇崇。丹青绚烂，户牖玲珑。灵物响应，暮鼓晨钟。伊谁尊之，县侯之衷。神功赫奕，与侯孚同。彼美耆宿，刻石其中。惟神与侯，令德高隆。后人思之，如水之东。

六合县重修儒学碑记

应天府六合县儒学[①]，唐咸通中肇建于邑治东门街北，光化间徙滁河之南，以其地舄卤，再徙邑治之东，宋治平中复徙城东百步，以临滁河，后[②]为河涨所侵，又徙城隍庙东高冈之上。建炎兵燹，寓县仓东古官舍，继寓经藏废院，卒迁高冈故址[③]。绍兴癸丑，县令郑缜[④]陋其卑隘，颇宽[⑤]广之。历元至国朝洪武初，知县事陆梅改造[⑥]殿庑堂斋，迄今七十余年，栋柱朽腐弗支，彩饰漫漶不[⑦]鲜。正统五年[⑧]，监察御史彭公勗奉敕提督直隶，学校乃谋于巡抚，冬官亚卿周公，撤而新之，规划措置，悉出于公[⑨]，赀费不经，公帑兼资[⑩]乐助，鸠工集材，百作具兴。未几，赖府尹李公与诸同寅命[⑪]知县史思古、主簿宋秉彝、典史杨文聪督莅，功未半，文聪以事去，而终始渐弗谨矣。钦差秋官亚卿薛公琏、监察御史孙公鼎、刘公仁宅前后临视，恐前功之或废也，复命今知县事黄渊、典史周绍宗，专委医学训科孙俊督成其功，以继厥美，渊、俊于是殚厥心力，不惮寒暑勤苦，而[⑫]教谕魏璜、训导陈培、何

---

① 应天府六合县儒学：《澹然先生文集》卷二作“六合县庠”。
② 后：《澹然先生文集》卷二无此字。
③ 址：底本作“趾”，据《澹然先生文集》卷二改。
④ 缜：《澹然先生文集》卷二作“纲”。
⑤ 宽：《澹然先生文集》卷二作“充”。
⑥ 造：《澹然先生文集》卷二作“建”。
⑦ 不：《澹然先生文集》卷二作“弗”。
⑧ 五年：《澹然先生文集》卷二作“某甲子”。
⑨ 规划措置，悉出于公：《澹然先生文集》卷二无此八字。
⑩ 兼资：《澹然先生文集》卷二作“爰出”。
⑪ 未几，赖府尹李公与诸同寅命：《澹然先生文集》卷二作“董其役则”。
⑫ 督莅……不惮寒暑勤苦而：此一百多字《澹然先生文集》卷二作“赞其成则”四字。

瑄又各悉心赞襄，再逾二年，始克告成[①]。巍巍圣殿之尊，翼翼贤庑之序，讲肄有堂，宿习有斋，储粟有库，庖厨有所，穆乎其靓深，赫乎其显敞，聿新轮奂，增宏旧规，是宜神灵妥宁，训受乐业[②]，作兴[③]斯文，于是为盛。渊等以学校一新，不可无记述，乃作亭于戟门之外，来求予言，俾勒石以贻后世[④]。

惟学校以育才为本，而育才以德行为先，成周盛世，以乡三物，教万民，教之六德六行，然后教之六艺，先其本而后其末也。故其宾兴之贤，无非济济之[⑤]多士，蔼蔼之[⑥]吉人焉。圣朝崇尚儒术，而以文学取士，然其文皆出于六经，圣贤五常之训，仁义忠信之言，所谓六德、六行、六艺之教，即此而在，非若唐宋诗赋之比。今之[⑦]莅其职者，切切以[⑧]兴学校为务，式睹盛美，而凡讲习于其中者，宜何如其用[⑨]心哉。事君必思所以极[⑩]其忠，事亲必思所以极其孝，至于夫妇、兄弟、朋友，必思所以各致其极，存之于心，而不失措之于躬，而弗违见之于事，为而不可夺，涵养纯熟，习成自然，充之以学问，发之于文词。盖无非六经圣贤五常之训，仁义忠信之言，与成周三物之教，固[⑪]无以异，他日出为宾兴之贤，又何愧于济济之[⑫]多士，蔼蔼之吉人哉？若但习为记诵浮靡之言，侥幸科第，以窃利禄，又[⑬]岂朝廷养贤之本意？抑有负于诸君子兴学校之盛心也。诸生勉乎哉！复系之以诗曰[⑭]：

伊儒之黉，迭更废兴，聿崇新规，显厂层宏，惟圣有居，于穆清庙，惟贤

---

① 陈培……始克告成：此处二十一字，《澹然先生文集》卷二作“陈信、张忞”。

② 业：《澹然先生文集》卷二作“育”。

③ 作兴：《澹然先生文集》卷二作“有光”。

④ 渊等……以贻后世：此处三十五字《澹然先生文集》卷二无。

⑤ 之：底本无，据《澹然先生文集》卷二补。

⑥ 之：底本无，据《澹然先生文集》卷二补。

⑦ 之：《澹然先生文集》卷二无。

⑧ 以：底本无，据《澹然先生文集》卷二补。

⑨ 其用：《澹然先生文集》卷二作“用其”。

⑩ 极：《澹然先生文集》卷二作“竭”。

⑪ 固：《澹然先生文集》卷二无。

⑫ 之：底本无，据《澹然先生文集》卷二补。

⑬ 又：《澹然先生文集》卷二作“是”。

⑭ 复系之以诗曰：此句及其后的诗与所署写作时间、作者等，共二百四十字，《澹然先生文集》卷二均无。

有庑，赫其有耀，鼓钟于论，讲肄之堂，朝诗暮书，诵声洋洋，豆笾静嘉，礼乐攸备，重睹盛美，肃将祀事，隆师亲友，是习是诹，昔也怠荒，今则进修，缁衣有雅，肉粟攸继，廪养丰洁，非习之俪，皇明右文，督励孔勤，乐育菁莪，以陶以甄，有伟名卿，克相厥事，作而新之，益振士气，青青子衿，报称何由，敦德励行，不愧成周，翼翼其亭，隆隆其碑，于千百年，斯文在兹。

正统十四年岁次己巳六月吉旦朝请大夫赞治少尹南京国子祭酒慈溪陈敬宗撰。

六合县科第题名碑记

应天府之属邑七，其五邑皆江南，而吾江浦暨六合者，则独于[①]江之北也。人才之多，往往称五邑，而吾江浦自有国迄于今，登进士者才三[②]人，乡贡进士亦不过二三十人而已[③]，六合亦然。抑何少也？世常以扶舆清淑之气钟而为人故灵，而吾两邑者，山穷而地僻，故其人多卤裂而不知学，科第则视他邑为独后。嗟乎！此果尽然矣乎？国家三年一大比，一省则合诸郡之人才，其多不下数千人，而得与名其选者百人而已。礼部合天下之人才，其多亦不下数千人，而得与名其选者，亦不下二三百人而已。斫石以求玉，而疵瑕之而必尽，其良士之得，由是而出者，亦难矣。又吾两邑之大小，其视江南之五邑，曾不二十之一二，夫科目之严既如此，而为吾两邑者又如此，故虽家置一庠序，而人人为儒服，则亦不能以相及矣。以吾两邑之人为不知学，而以其地者，或非也。虽然，人亦何病于少哉？大路繁缨一就，次路繁缨七就，圭璋特，琥璜爵者，人固有以少为贵也。是故舜有臣五人而天下治；武王曰："予有乱臣十人。"五人、十人亦少矣，天下后世凡称尧舜文武之治，则未有能及之者，不贵于多也。鲁哀公以儒号于国中，无此道而为此服者，其罪死，于是人无敢儒服，独一丈夫儒服立于公门，问以国事，千转万变而不穷，是鲁一儒耳。世称鲁为礼义之国，一儒何少于鲁哉？由是观之，

---

① 独于：底本无，据《定山先生集》卷八补。

② 三：《定山先生集》卷八作"七"。

③ 二三十人而已：《定山先生集》卷八作"三四十人"。

人才不惟其多，惟其人耳！使人果鲁一儒也，舜五人也，武王之十人也，天下无不治矣。不如是，虽多亦何以哉！是则凡为吾两邑之人者，其少也不足忧，惟其不能如所谓十人五人，如所谓鲁一儒者，斯可忧也。

六合科第题名碑阙，侍御陈公士贤来督南畿学政，乃命县尹张君恒次第其名氏于碑，而求予记，予未有以应也。明年，阳信唐君诏继厥尹事，而复以是请，予江浦进士三[1]人之一者，遂书吾两邑之人之所以少者如此，且以励吾同志，无使天下后世得以少吾两邑之人。

成化七年春三月望日赐进士南京行人司左司副前翰林院检讨江浦庄昶撰。

六合县儒学修造记

天地间一，是道之流通充塞而无间者也。道者何？君臣、父子、夫妇、长幼、朋友之伦，日用事物，当然之理是已。原于降衷，而具于民彝，是以自古圣君必修道以为教，而由道以出治。故三代之学，皆所以明人伦，其以此夫。然道非教不明，治非道无本。学校者，明道之地，而出治之本，凡为民牧者之所当先务者也。苟不务此，而曰我能勉于事，功抑末矣。此君子于学校之兴废，可以观人志尚之趋舍，风化之美恶，政治之得失焉。

六合京郡之属邑也，旧有儒学。正统间巡抚工部侍郎周公以殿庑卑陋，请于朝，命知县事洧川黄君渊撤而新之，栋宇壮丽，数倍于前。今经三十年，上雨旁风，日就毁蠹。成化五年秋，阳信唐君诏来尹兹邑，首以兴学为务，见而恻然，亟欲葺之，以岁歉民困不忍役，惟薄修其甚者而已。越五载大稔，明年又稔，曰："可以有为矣。"乃白提学侍御戴公，出公帑羡余，鸠工庀材，大事修葺。凡殿宇门庑梁栋榱桷之朽腐者易之，陶瓦之破坏者补之，黝垩之漫漶者彰之，墙壁之倾圮者正之。以至庭陛阶缘旧砖崩损，今易以石，两庑内外，旧皆土壤，今甃以砖。先圣配哲塑像剥陊加以彩绘，木主朴小俱增华侈，镂以龙凤，饰以金碧。棂星门逼近居民，府丞白公命君喻民

---

① 三：陈常道序刊本《定山先生集》卷八作"七"。

他徙，酬以白金，立门三，其上扁，其中楣曰“泮宫”，始翼然弘广。宰牲房、神厨、神库悉更其旧，讲堂、后堂及东西两斋皆葺为新，馔堂旧在讲堂后，今改作于西斋之西，仍存其旧，为会讲所。新校官之廨宇三，构诸生之号舍十有二，又构斋宿所数楹于旧馔堂后。学内外二门卑小，皆高大之。射圃旧邻马监，今迁于学之西，缭以周垣，射者称便。或旧有而新葺，或旧无而新创，皆君区画，亲督其工，日数临视，不以为劳。凡有事于斯者，皆偿以直，未尝妄役一人，至于助其劳，相其成，又有赖于判簿阳信王君瑄、典史南昌万君郁焉。工始于今春二月，而成于夏六月。于是庙貌学制，靡不完备，巍然焕然，其壮丽视前又加数倍矣。儒学教谕贵溪周君沨等以为斯役也，实我唐君作兴之功，诸君匡赞之力，不可无文纪之，以垂不朽，乃具颠末，命诸生来京以请。

惟夫学校之教，所以明此道也；县邑之治，所以行此道也。故教有未明，道何以行？此子游之弦歌武城，所以必以归之于学道也欤。唐君，儒者也，其志尚所趋，一以教化为先务，故其治邑，相与诸君尊崇学校，以为师生讲道之所，其伦理安得而不明，贤材安得而不盛，风化安得而不美哉？宜其持廉秉公，仁民爱物，有守有为，而得为治之道者矣。故今京郡称属邑之贤令，必以唐君为推首，信有征矣。遂为纪之，以为世之不知本者厉焉。

成化十一年岁次乙未仲秋吉日赐进士及第正议大夫资治尹南京礼部侍郎前翰林学士侍文华殿讲读直东阁兼修国史钱塘倪谦撰。

六合县玄真观重建殿阁法堂记

应天府属邑曰六合，即古真州之棠邑也。其山有六峰，连亘蜿蜒而来，鲍照所谓“因迥为高，据绝作雄”者也；其水自滁河萦流而出瓜埠，王巘所谓“合五十四流而辐辏”者也。夫山水清丽之所，必有琳宫法宇，以据其胜者，岂山川美灵，固有所萃，亦必待人而后发舒也欤？考于玄真道观，可知矣。

玄真，在邑治之西。自两晋、唐、宋以来，世为香火焚修之地，我朝考求焚修之地，灵胜立为丛林，俾朔望良辰，赞扬国禧，冠氅相承，凡九十余载矣。虽弘规大范，先后如一，然殿阁法堂，岁久为风雨所浸蚀，丹青凋落，砖甓墁朽，非力巨而志专者莫能遽就。永乐间有道耆许提点、道印修明、道缘清洁，传受其徒盛永泰以主兹观。泰，字玄渊，六合西里人也。自幼英伟敏闿，长受道法，益加精进，得三洞要诀。平居端谨素食，以丹药济四方，不求人报，而人所以得之者，自无不至。每遇亢旱，辄涓洁坛界，行道诵经，躬具悃诚，拜闻高厚，每获感通，得霖雨，以甦枯槁，六合之人敬仰道真，以为恃赖。由是囊服之盛，日增月积，异于众流，乃慨然叹曰："吾之所以幸闻至道，致人钦仰者，祖师之力也。可不宅心缔构，以答恩荫于万一者乎？"乃首捐己财，鸠工启土，创建玉皇宝阁一所于殿基之后，翼以回廊，上塑昊天圣像，坐镇阁中，左右侍卫，俨在天表，阁前为真武殿，殿前为三清殿，以祀三境天尊，皆绘以丹青文采。凡幡幢呼拥之仪，芗花供献之具，罔不咸备。又于殿阁之东，新构法堂，左右有廊，接以第舍，以居道众。自买生铜二千余斤，陶铸真武圣像。离观数咫，建楼一所，以专祀礼。其所建之费，一皆出于玄渊素积，非四方善士之所布助，可谓难也。已工成，六合尹刘茂过之，见其工程浩大，深加奖叹，以为众人之所不能为者，而玄渊能之，非惟道门壮观，焕乎一新，而六合山川亦皆为之出色，真羽流之宗谂，而玄门之巨擘也。是宜有文以示千古。一日来京师，具其事之始末，求予言以彰厥美，将以勒之贞石，予曰："然。夫天下之工费，莫难于土木，莫广于缮构，以有司之力，欲有所营，手持郡檄，不免顾惜，况于清静之流，无为澹泊，乃能以一身之积，弘建一阁、二殿、一堂、二楼，与夫像设供具，罔不备周，自非与道有缘，勠力教门者，能如是耶！故可以特书大书，以示夫悠久矣。后之为玄门道倡，居于斯，息于斯者，可不思前人之功，而致景仰健羡于无穷也欤。"既叙其始末，书之于石，于篇终并系之以诗，用赞落成之美。云：

六峰相摩，绵亘关河。中有玄宫，高拱峨峨。据清挹秀，开创自古。历晋逾唐，奄镇兹土。岁久弗葺，颓于雨风。回望弗彰，仙灵曷崇？爰有羽士，曰惟永泰，和慧明敏，恪勤匪懈。上承提典，硕学之余，济人利物，获丰于资，遂鸠工役，经营创始。曾几何时，高阁华峙。次殿次堂，次楼次厢，绘藻煜煜，丹青煌煌。滁河以东，扬子以西，载瞻琳宇，鸟跂翚飞。范金为炉，煮铜为像，载瞻帝谟，孰不皈向。昭昭大尹，来观厥成，不泯劳勋，征文表灵。自然之真，天作之合，与道长存，永光兹邑。

赐进士朝议大夫南京国子监祭酒前翰林侍讲同修国史兼经筵官吴节撰。

六合县社学碑记

君国子民者，必以教学为先，故三代盛时，皆立大小学，以教民焉。洪惟我太祖高皇帝，奄有万方，法古图治，故既立儒学于郡邑，以拟古之大学，复立社学于乡闾，以准古之小学，制度教法，悉遵古道，是以民皆革心从化，风俗丕变，此圣朝所以比隆三代，而非近古之所能及也。然而历年既久，天下郡邑守令鲜得其人，社学之废弛者十八九矣。

应天六合，固畿内邑，社学旧无处所，民鲜知学，盖阙典也。成化五年，山东阳信唐君诏来令斯邑，历任数年，百废具举，尤注意于学校。既修缉大学，焕然一新，复立社学于驿东隙地，创立堂宇，垩饰四壁，黝饰两楹，周围缭以高垣，使绝喧嚣，门扉道途，靡不具备，且费不及民，选庶民子弟以充生徒，招延学行可为师范者教之，定立学规，严加程督，随其人贤愚，皆有进益，遇儒学增广员缺，则选其聪俊可教者补之。至于乡都，莫不有学，有师以教诲焉。由是田夫野叟之子弟，亦多颇谙字书，粗知理义，沾濡乎圣朝德化之被，故弦歌之声达乎四境，洋洋盈耳，猗欤盛哉！於戏！国家需贤以图治，而贤由学校出，是故自帝王之有天下，未有不兴学校，而克致风俗之美，人材之盛者也。然学校废兴，人材盛衰，又皆由乎守令之贤否。即六合一邑观之，概可见矣。然则社学之建，岂小补哉？故因唐君之请，特为记之，以为将来司民社者劝，于是乎书。

成化十一年十月吉旦赐进士前翰林庶吉士河南道监察御史钱塘木讷撰。

贞晦先生记[1]

有唐贞晦先生，广陵郡棠邑乡陈君也[2]，曰融[3]，享年七十有一[4]，游不出乡，考终厥命。呜呼！至哉。[5] 先生学圣贤[6]之道，据不仕之贵，负不称之名，达人观焉，斯亦极矣。予贞元中[7]，寓居是邑，言归京国，道出其乡，始见一乡之人，义子孝孙[8]，长惠幼恭[9]，不闻争忿[10]之声，不见傲慢之容，雍雍穆穆，甚足异也。因揣[11]叹曰[12]："此乡之人，岂必尽仁，必有贤者生于是。"遂停车访故老，果曰："吾里有陈融者[13]，孝慈仁信，博[14]学不仕，乡人见之，皆自欲迁善远罪，亦不知其所以然也[15]。今也则亡，清风犹在。"予于是慨然痛先生纯德至行，沉落光辉[16]，官缺旌[17]庐之礼，士无表墓之文。知而

---

① 贞晦先生记:《吕衡州集》卷七题作《陈先生墓表》。

② 也:《吕衡州集》卷七无此字。

③ 融:《吕衡州集》卷七"融"后有"无字"二字。

④ 一:《吕衡州集》卷七作"二"。

⑤ 至哉:《吕衡州集》卷七"至哉"后又有文字，今补录如下:"良玉虽白不受采，醴泉自甘非有和，贞色缜密，丹素无自入也，灵味天成，曲蘖无所资也。故先生长而不学，大朴不通乎轮辕，至音不谐乎宫商，曲直浑成，巧匠莫能材也，清浊一致，伶伦莫能器也，故先生老而不仕。地虚而践则有迹，器疏而扣则成声，我践惟实，迹不可得而见也，我扣惟密，声不可得而闻也，故先生没而不称。若夫为养克孝，居丧致毁，事亡如存，朋友孜孜，兄弟怡怡，于乡恂恂，与物熙熙，天性人道，其尽于兹，何必读书，然后为学。知命是达，怡神为荣，乐天忘忧，自宠不惊，贵我以道，此非禄乎，富我以德，此非禄乎？何必入官，然后为仕。我有信顺，自天祐之，谓天盖高，亦既知矣，谓神盖幽，亦既闻矣。何必俗声，然后为名。大哉！"本书未录。

⑥ 学圣贤:《吕衡州集》卷七作"行不学"。

⑦ 中:《吕衡州集》卷七作"初"。

⑧ 义子孝孙:《吕衡州集》卷七"父义子孝"。

⑨ 恭:《吕衡州集》卷七作"敬，见乎词气，发乎颜色"。

⑩ 争忿:《吕衡州集》卷七作"忿争"。

⑪ 揣:《吕衡州集》卷七"揣"后有"之而"二字。

⑫ 曰:《吕衡州集》卷七"曰"后有"芳兰所生，其草皆香，美玉所积，其山有光"十六字。

⑬ 者:《吕衡州集》卷七无此字。

⑭ 博:《吕衡州集》卷七作"不"。

⑮ 也:《吕衡州集》卷七无此字。

⑯ 辉:《吕衡州集》卷七作"耀"。

⑰ 缺旌:《吕衡州集》卷七作"阙轼"。

不书，我执其咎。乃考行检[①]德，谥曰贞晦先生[②]。征其行[③]实，建石于路，用告将来之有识者云。贞元五年秋八月东平吕温[④]述。按：此文据《嘉定志》云云，与《成化志》少异。

盘城先生郭渊哀词

郭渊，字巨川[⑤]，六人，唐汾阳王子仪胤也。宋季群盗起，渊聚族共保，若一障，曰蔡堡，六人依焉。天下已定，民为占籍，吏挠之。民见县有为丞相奴，客者无敢呵，相教为丞相奴。渊谓："民贱，王民也；奴重，人奴也。使世世为人奴，与王民孰愈？"民愧而止。复树吏，吏用休息，既而奴客困，皆来谢曰："微君，几不免。"大德末，淮大饥，渊作饘粥食之，生者甚伙。是时人多鬻子自救，渊取困甚者，假子养之十余年，皆为娶妇。居数载，大穰，一朝纵之，曰："若事吾良苦，及吾时归，毋久留为也。"皆流涕[⑥]曰："公生我，今驱我，安之？愿留终公身。"渊曰："毋悲。后吾子孙不省事，将以为奴。"卒纵之。有贳酒饮西家者，已醉而出，遗所赍金于门，渊适见，藏弆候之。明日，遗金人从西家求金，西家诚不知，怒以为欺。求之急，西家怒，益闭，其人困，即欲自刎。方争，渊闻之，遽出呼其人，与其所遗金，人皆惊。始保蔡堡，群少年共劫一人，将杀之，渊呵曰："此何罪至杀？"群少年曰："疑狃[⑦]伺为谍，而将袭我，故杀之耳。"曰："吾所为相保以生，诚恶死也。今疑而杀人，祸将及。"少年怒，渊私计夺之，力且追杀之，乃曰："吾代之赎，何如？"群少年喜，遂免之。后至昇，昇市中有戴粔籹盘鬻于市者，遇渊，置戴盘，叩头泣曰："今日遇公，天也。幸临过我，我有母皆愿见公谢。"渊固辞，假以为误，去之。市上老人叹曰："世称长者，此真是耶！"

初，六界北边民习兵少文，渊与父谂以诗书俎豆为业，人慕之多化者，

---

① 考行检：《吕衡州集》卷七作"披典校"。

② 先生：《吕衡州集》卷七作"处士"。

③ 行：《吕衡州集》卷七无此字。

④ 温：《吕衡州集》卷七作"某"。

⑤ 巨川：《宋学士文粹》卷五作"济川"。

⑥ 流涕：《宋学士文粹》卷五作"涕泣"。

⑦ 狃：《宋濂全集》作"狙"。

至今六多儒。渊既卒，谥曰“盘城先生”[①]。其孙言抱李孝光所作[②]墓文，请濂哀以词，濂未及为，言客死豫章，可悲也！始言与濂游，语及当世，辄瞋目嚼齿，语皆惊人，听者掩耳避去。及操笔缀辞，如海蜃吐楼，而芝舆翠辇，隐见玄[③]濛间，可怖可[④]谔。言，诚奇男子！濂故删孝光文为词哀渊，且附见言事，以见可哀不特渊也。辞曰：

有开其先，熙以申。有绍其后，文以彬。何遏其施，禄以屯。

翰林侍讲学士知制诰同修国史兼太子赞善大夫金华宋濂撰。

六合县志序

郡邑之有志，犹国有史也。史书，天下之政；志书，一邑之政；二者虽有小大之殊，其记事记言则一而已。曩者，予以史职改官南京，谒今大理卿夏公于太常，时公与博士方公者，方修太常志书。予得而读之，见其所载某少卿者死节洪武末时，其事甚备，盖某非公则将终于泯没而已。予遂以为国史之命，予既不足以辱，然又不能卓然以退，饱食终日，岂予用心？苟得从夏公后修所谓行人志，及吾江浦邑志，其或得载如太常某者，亦于世道不为无补，而吾素飧之讥，亦可以少逭矣。未几，予老父母俱病大故，荐罹痛入心髓，自恤不暇，而况有及于是乎？予时未尝不羡夏公之得以从容文字，而叹予之迂拙也。今年夏，秋官主事六合郑公过予，请序所谓六合志者，予答[⑤]以为未暇，未从也[⑥]。既而公之子时柰暨国子生孙国辅者，以大尹唐君之命来请，且持一帙示予。盖六合志已，其间所书风俗人物，善恶褒贬，无不可观。盖编集于教谕季[⑦]先生，校正于周先生，笔削于公，而综理提调以成于唐君者，予于是又不能不为诸公羡慕，而益以迂拙自笑也。

---

① 谥曰盘城先生：《宋学士文粹》卷五无此六字。

② 作：《宋学士文粹》卷五作“造”。

③ 玄：《宋学士文粹》卷五作“空”。

④ 可：《宋学士文粹》卷五无此字。

⑤ 答：嘉靖十四年陈常道序刊本《定山先生集》卷八作“辞”。

⑥ 未从也：嘉靖十四年陈常道序刊本《定山先生集》卷八作“公未信也”。

⑦ 季：嘉靖十四年陈常道序刊本《定山先生集》卷八作“李”。

夫古之人不得以行于时者，必有所著述，以垂训于后世，如孔子之删《诗》《书》，定《礼》《乐》，赞《周易》，修《春秋》是已，岂独孔子然哉！下至于司马迁、刘向、贾谊之徒，亦各以其说自[1]表见于时，以垂于后，不自汩没也。今之人何所希及，惟古圣贤人而已。予于一志之成，且将羡慕今人之不暇，而况能有以及于古之人哉！予益重可叹也。唐君锓梓是帙已告讫工，而亟请予文，夫予虽朽钝无补，然亦不知所以自讼者乎？遂敢僭书于此，以识首简。

成化十二年丙申十一月朔赐进士南京行人司左司副前翰林检讨江浦庄昶书。

六合县志后序

古者，列国皆有史，以纪国政。文献有足征者，至秦郡县天下，而汉始有地理郡国志，所以辨土疆，陈职贡，同贯利，彰人文，凡事无巨细、无古今，皆在所登载也。后世郡邑志书，盖亦权舆于此欤。其为志者，必也。沿诵训之制，遵笔削之旨，使统纪相承，名实不爽，夫然后可以质前闻而无疑，属来裔而无议也。予六合旧有志，荐更多故，散佚不存，间有一二蠹啮之陈编，盖得之于世族充汗中，腐浥之余，或得此而失彼，或循讹而泯实，或[2]举其略而逸其详，卒无完书，以考见一邑事物之全，诚缺典也。

成化己丑，阳信唐侯廷宣来令是邑，下车之初，深锐意于此，顾时政多先务之急，靡暇及也。又明年，政通人和，百废具举，乃聘致仕季先生馆之于公，授以旧志，欲令修辑，先生直任之而不疑，遂斟酌旧典，采摭新闻，芟繁而取要，因略以致详，门分汇别，诠次成编，中间不无鲁鱼亥豕之患，又得儒学掌教周先生为之校雠，然后是书愈为明备，而无复遗憾也。侯以予为进士时，尝奉命采江西舆地志，恐亦知其端绪，俾之再加隐括，兼以后序见属。予年迈才尽，不能著喙于其间，而序则不敢辞也。呜呼，文献不足征，则采择不备，去取不精，无以取信于世，非为政得人，则信道不笃，见义不

① 自：嘉靖十四年陈常道序刊本《定山先生集》卷八作“与”。
② 或：《顺治六合县志》《康熙六合县志》均作“统”。

为，不能图传于后。今是志也，得先生之纂述，而灿然以明，得唐侯之勤拳，而确然以传信，所谓文献足征，而人存政举者也。兹侯又命工锓梓，以广其传，则其意将使四方之士，有志于远览者，取而观之，则予一邑之山川、疆域、物产、宫室，皆宛然在目，庶少寄卧游之意。而凡风俗之孅，治化之隆，典章文物之盛，人物宦迹之实，后之人或有考焉，亦可无文献不足征之叹。况资之以广见闻，以充知识，又取前修之成宪，以为治身守官之法，则是书之于政教，岂小补哉？唐侯于一邑之志书，其用心之周密且如此，则于一邑之民，不言可知。观其当道交章之荐，朝廷奖异之及，于是益可信矣。侯之政绩昭昭在人之耳目，百指犹不足于屈也，以之登入名宦，而备夫朝廷搜采循吏之实，深有望于后之君子也。

成化十二年九月朔旦，赐进士第秋官主事邑人郑瑛序。

重修六合县学记[①]

六合之学，敝久矣。师生因仍以苟岁月，有司者若无睹也，故废日甚。正德甲戌，县尹安福万廷瑆氏既和缉其民，始议拓而新之。维时教谕长兴徐丙氏方来就圮舍，日夜砥新厥士，尹因谓曰："子为我造士，而讲肄无所，斯吾责，其何敢不力！顾兵荒之余，民不可重困，吾姑日缩月累而徐图焉，其可乎？"民闻，相谓曰："学谕方急训吾子弟，无宁居；尹不忍困吾民，而躬苦节省，吾侪独坐视，非人也。"于是耆民李景荣首出百[②]金以倡，从而应者相继，不终日聚金五百，以告于尹。尹喜曰："吾民尚义若此，吾事不难办矣！然吾职务繁[③]剧，孰可使以鸠吾工者乎？"学谕曰："尹为吾师生甚劳苦，父老奋义捐金，既资其财，又尽其力。丙与一二僚请无妨教事以敦。"民闻，相谓曰："尹不忍困吾民，学谕方急训吾子弟，又不忍吾劳，而身董之，吾侪独坐视，非人也。"于是耆民王彰、陈谟、许珊[④]首请任其役，从而应者十

---

① 王守仁撰《王文成公全书》卷二三有本文，书前目录题本文作《重修六合县学记》，而正文题作《重修六合县儒学记》。

② 百：底本作"白"，据明刻本《王文成公全书》卷二三改。

③ 繁：底本缺，据明刻本《王文成公全书》卷二三补。

④ 许珊：明刻本《王文成公全书》卷二三无此二字。

夫，以告于尹。尹喜曰："吾民尚义若此，吾事不难办矣！"提学御史张君适至，闻其事而嘉叹[①]之，众益趋以劝。

十月辛卯，尹乃兴事，学谕经度规制以襄，训导涂本通、郑仁慈，典史钟相察其惰勤，稽其出纳。修大成殿，修两庑神厨库，前为戟门，又前为棂星门，又前为泮宫；坊皆以石。殿后为明伦堂，为东西斋，又后为穿堂、会讲堂，又后为尊经阁；明伦堂[②]之左为三廨，以宅三师；前区三圃，圃前为名宦祠，又前为乡贤祠，又前为崇文仓；明伦堂[③]之右为致斋所，又右为馔堂，又右为射圃，而亭其圃之北曰观德；致斋之前[④]为宰牲所，又前为六号；凡为屋百九十有七楹。十二月丁巳，工告毕，役未逾时也。闾闬之民尚或未知有兴作，闻而来聚观者皆相顾错愕，以为是何神速尔！是何井井尔，焕焕尔！庠生郑泰、李崑等若干人撰序其事，来请予记。

予曰："甚哉！诚之易以感民也。甚哉！民之易以诚感也。有司者赋民奉国，鞭笞累絷，不能得，则反仇雠。视之今县尹学谕一言，而民之应之若响，使天下之为有司学职者咸若是，天下其有不治乎？此可以为天下之为有司学职者倡矣！民之爱其财与力，至竞刀锥，靳举手投足，宁殆其身而不悔？今六合之民感其上之一言，捐数十百金，瘁精[⑤]力，争先恐后，使天下之为民者咸若是，天下其有不治乎？此可以为天下之民倡矣！夫民蔽于欲而厚于利，苟有以感之，然且不惮费己之财、劳己之力，以赴其上之所欲为；士秀于民而志于道，修其明德新民之学，以应邦家之求，固不必费财劳力而可能也。苟有以感之，有不翕然而兴者乎？吾闻徐谕之教六合，不数月而士习已为之一变，使由此而日进[⑥]于高明广大，以一洗俗学之陋，则夫兴起圣贤之学，以为天下士之倡者，将又不在于六合之士耶！将又不在于六合之士耶！"

---

① 叹：明刻本《王文成公全书》卷二三无此字。

② 堂：底本无，据明刻本《王文成公全书》卷二三补。

③ 堂：底本无，据明刻本《王文成公全书》卷二三补。

④ 前：明刻本《王文成公全书》卷二三作"外"。

⑤ 瘁精：明刻本《王文成公全书》卷二三作"效"。

⑥ 进：明刻本《王文成公全书》卷二三作"迁"。

正德十年岁次乙亥仲冬吉旦赐进士出身中顺大夫南京鸿胪寺卿余姚王守仁撰。

新修六合县记

六合古望县，遗址在滁河之南。洪武初徙之北，岁久就圮。正德辛未，安福万侯廷珵来知县事，议首葺之，顾儒学亦圮，宜先事焉。怠乙亥秋七月，风雨骤作，厅事阽危，属江潮浮巨楠一章胜栋材者，入县浒，得者以献，侯喜曰："吾方欲举事，幸乃尔阴其有相予者乎？"遂白当道，得报取官隙地，令富民得出赀以佃，尚义者又乐为之助，爰率幕寮钟相众、邑民陈谟等，相与营治之。外甃甓为大门，构醮楼于上，高约三十余尺，周五倍之，傍挟以大序，进十四步为仪门，又进三十八步为厅幕，次莘贮腋于二库之旁，凡若干楹，穿堂亘其中，退省堂横其后，翼以侧房各二，藏籍册也。两庑为楹十四，专胥役也。旌善、申明二亭，簇拱大门之外，神祠、犴狱二区，屹峙仪门之左右。佥曰："完矣。"侯曰："长贰若胥，宜有栖。"更辟堂后基，置官廨二，庑北列吏舍二十七，又创廒栋十有三，工展力，民忘劳，五阅月而告成。适诏进主留都比部事，濒行，众德之，泣曰："吾侯挽不来矣，吾属觌兹邑葸乎。"或曰："情随事迁，兹保易坏，无宁托诸石之坚，犹冀而不朽也。"既又合辞言曰："孰若托诸文之犹愈世，安知无好事者广其传典。"邑教徐君丙闻而是之，诹日率诸生钱涌、徐禄等来请记。

夫《易》"慎动必无咎"，可不慎乎！古设官分职，各有所自，省、部、寺、监，暨百司庶府会振圮，内得请始事，外只达监司，得立变例以嫌沮传舍，而视固也。浚民自封速恐罹于辟者，宜也，汲汲有众弗协，无一动而昧于时之义，君子亦无取焉。侯令兹五祼矣，废以次兴，人神胥赞，是举信贞吉罔咎矣。曰永终誉，抑竢诸来者之同志也。倘究观前迹，恒嗣而葺之，牧责率由是以求焉。夫益卑拓隘，将以锄强字弱也；限内缭外，将以摘伏禁慝也；朴而匪斫，华而靡奢，将以撙费汰侈也。庭树阴翳，思致桑麻之掩映，屋乌爰止，求厝耄倪之安集，凉轩燠室，觉片覆上无者居多，雨阤风垂，恐寸卓下乏者，容有朝而出。临莅于兹，夕而退，休处于兹，触目疚心，思艰图易，令修庭户之间，而霭弦诵于百里之外，唯然则理道之所由信，于是乎在而亦侯之志所至望也。夫仁贤则固无待于此，至所以转移变动之机，越常见昭前迈，不重有感发于侯者哉！于以见侯之誉，维令且永有攸遂，而邑人之思，足恃以不忘者，盖有不待形而自固者存也；久存者顾恃形以为固，抑惑也。予病倦属文，且非其人，辞弗获，而竟志以归，俾观者其有激也。

大明正德丙子春正月吉赐进士出身大中大夫南京太仆寺卿前提督内府謄黄通政使司右通政吏科都给事中侍经筵官翰林院庶吉士武陵杨褫甫撰

重修冶浦桥记

正德十四年秋，皇帝自将以讨宸濠之乱，惟时权幸鼓媚，列目以需于郡若县，郡若县莫测其伪，率循罔违，百姓罹于毒。三山林侯视六合篆，甫三月，得目叹曰："是伪也，吾曷敢诡随，以陷上于弗义，残吾民指，选嫠集丽，绝豕种三事，为伤和害德之尤，虽得罪，不忍为，惟刍粟徒从，治道途，修桥梁，六军所资，时吾职不敢不力。"冶浦之上有桥，建自先朝，重修于成化初，唐侯诏上覆以屋，年久栋老将压，且卑甚不能骑以度。侯欲新而崇广之，佥以仓卒艰费，请仍旧贯，侯曰："吾岂不量缓急，銮舆所经，万一少阻，立命撤去，则旧材无所于用，费益不赀，事往因循，将遂废坠，吾计此欲投会豫举，则力少事济，亦以省吾民耳。"邑尉李君洋力赞其决，言者不能诘。于是命须选官戚华、民陈谟董厥役事，给以材具，授之规制，不越月而成。易细以巨，革脆用坚，视昔崇五之一，下通舆马，荡如周行，穹焉焕焉，为邑伟观。君子谓侯新一梁而具四善：爱君以德，忠也；忘己庇民，慈也；达利害之机，智也；劳不厉农，费不竭公，才也。邑教谕徐丙闻之，曰："尽侯所蕴，将足衣食，兴礼义举，便去畏决滞，沛新以丕变，兹邑一梁已乎。"既二年，侯所施皆如丙言。丙时亦满将去，邑诸老以丙知侯，且悉其事，砻石属记，以昭后人，俾嗣葺勿坏，以永侯之功。丙不辞，遂书。侯名幹，字克贞，别号约斋云。

嘉靖纪元春三月吉旦吴兴徐丙撰并书。

新修六合县城隍庙碑记

国朝于天下府州县置城隍祠，盖因旧而加重焉。凡干溢患，俾捍之，吏至必告之，俾察其污洁，阴以谴相之。是祠之设，为民设之也。是故吏瘝于民政则祠就圮，吏心于民政[1]则祠以治。六合县城隍祠实据六之胜，神钟厥灵，祷辄应，故父老相传谓神即英布。国初助太祖江右阵，授以梦曰："我六合土神英布也。"比天下定，敕封为"显祐伯"。按《史记》："布，六人也。"容有之，然君子道其常，安知其果布否也。旧祠浅而素，廊左右止各十间，门外偏且窄，荒而不治，旁止有小门抵官道，甚非所以示敬典也。江西万钦之先生、福建林克贞先生前后令兹邑，感而叹曰："朝廷祀城隍以为民，仁也；令为民而崇之，义也。且自余为是邑，火盗不侵，邻蝗不入，风雨以时，民不至夭札，诚若有神为之者，宜崇厥祠。"乃属耆民周本政、赵文智、陈缙、吴镇同住持道士钱真庆修治之。于是旧庙之浅者，架楹以拓之，深丈余，阔如旧素。及漫漶不鲜者，则丹雘之；偏且窄者，以价辟其东，俾均焉。门之外东西增新廊各十二间，咸列以像，卫以槛，中则建正门，临通道，每朔望邑大夫视祠则启焉。左右为小门，则以通众之出入也。他如阶除之破缺者，补之，新辟者，砖之，于是宏深轩豁，明爽焕烂，虽狂夫悍卒过而望焉，皆肃然矣。且门外辟道为坊，尤壮于后观。噫嘻！民不费而祠俊于前，如此贤有司之用心何如也！迄今工讫，宜有记。余闻之古人谓废兴成毁，相寻于无穷，不足恃之以久，固矣。然有是勒，于以记神之昭赫，记贤有司之为民，则千百世而下，凡吏兹土者，又安知无所闻而兴起者乎！此又祠之足恃，以不废者与，故余既记之，又从而歌曰："滁水之上，棠坡之阳，有赫斯庙，与国灵长。"

正德十五年岁舍庚辰仲春上浣之吉浙江三衢乡进士徐琦顿首再拜撰。

六合县重修养济院记

思古在昔先王之治天下也，曰上天阴骘下民，立厥辟辅，奠厥亿兆，俾

[1] 政：底本无，据《顺治六合县志》补。

遂厥生。惟辟辅歆承天命，罔敢有越度，是故播谷敷施，吊穷恤困，施仁发政，爰以永绥亿兆，犹惧有惄饥踽踽，菅蒯冲冲惟殷忧，故《诗》曰“监观四方，求民之莫。”允若兹，则亟拯援，措诸平康，惟我国家乂安，万姓尤重兹耄耋，监观于先王，训迪彼四方，服庸罔有违。惟四方郡若邑，有兹耄耋覃锡厥腆，馈厥若彼，痌鳏茕寡疲癃置若院，惟养济岁给厥布谷，终厥身罔有庸调，凡以匹追前休怀，惠若小民，肆于无疆。

惟六合亦式有养济院，久罹回禄，司土者罔克振，惟阳信董君北山莅若邑，灼见若弊，乃叹曰：“圣天子垂情万方，为厥民作新吏治，吏受兹土，怠弃厥政，致泽罔下究济养，罔有攸居，穷民将畴，依罪曷贳?”乃诹厥地，相度厥势，营厥土木，规厥梓人，构厥堂。堂楹惟三，东房惟五，西若东辟厥门臬，缭厥垣，收厥鳏孤，岁遗罔有缺。君子曰：“董君勤恤民隐如此哉。”

夫今为郡邑大夫，惟聚敛，惟承奉，惟厉民自养，故是三者，讹沿舛袭，风炽于四方，厥有克佩服官箴，司称为良，亦惟泛泛视兹养济罔或重，弊也久矣。惟君迈种厥德，轸念元元，举斯心加诸彼，获兹治要，首兹鳏寡，先后较若画一，韦弦适中，非诚以及物者，其曷克臻兹？是故惟诚生明，惟明生廉，惟廉生断，惟断生勇，拨繁弥闲，剖剧罔有滞，惟名扬诸畿甸，威克平江海。今兹青衿向训，黄发履礼，耒耜就役，野罔有饿莩，家给人足，章甫衮衣之颂，民歌之不衰。夫君子论道，通塞不论位上下，惟此百里枳棘，君俯施卧治，政声轩揭，右出南服，矧置诸大僚，其奠慰斯民，更当何如？部为官择人，君履道从政，继自今章，制展采饰，宏综微用，阐厥嘉猷，以懋树厥功，益沨沨乎未艾也。予昔宦君乡，知君有干济，乃今巡历江淮，君烨烨名振南北。惟此养济，实关政本，因握管以纪其盛，以播令闻于无穷。君讳邦政，字克平，北山其别号云。

嘉靖癸丑春赐进士出身文林郎河南道监察御史槐轩王光祖书。

六合何尹去思碑

朝廷分官列职厘务，抡材选良，以布遐迩，以守令为近民，重得民心，其选为尤重。令为守，所辖孚洽，振刷以获上下而效，位司其职为尤难。周有县正，春秋有邑长，秦为县令，汉因之矣。唐有知县之名，宋以朝臣出为知县，思慎县务，选士朝行，盖亦重难之也。是故服役乐业谓顺，欢欣交通谓和，贵德知耻谓正，顺、和、正谓得其心也。是故临之则帖，沦之则煦，去之则思，咏焉求之，以志弗忘，实维在人而已。

南京兆之六合，邑小而四通，易以扰；阴沴阳沴靡定，易以乏；环绕大江，群奸出没，易以肆。扰或劳费，恐无所于需；乏则输运寡征，亦无以逭咎。多奸多虑，四人靡宁，莅是者每以恒状去。顺德何君宏来，星出星入，勉意爬梳，鸿细毕举，谕匿使归，童昏以熙，桥梁弗征，旧划新便，蓄储荒政也。息暴横以缓征纳，不干虚誉，夫役频繁，历门自助，馆舍倾圮，葺理有方，作士气，清圆扉，凡可以利济人者，皆究心也。夫本之以内美防，顺志度，无荡心，加之以精敏分析磨勘，无忽心，清勤修饰，业履耑确，无敖心，顺和正，是以有民心也，静而不扰，俗而寡乏，凌宕者无敢跳踯，下蒙仁，上闻惠，是岁八月征之行，以大其柄。君行速，民莫之留，竟得靴而藏之，为遗爱也。未几，又从而言之，靴之为物，岁久易坏，其曷不求诸不朽者，以祈厚颂，乃相率而告诸县赞宋君元朝，曰："愿有以成之，以毕群心。"宋君于予为旧谊，尝与予道何君之事，遂欲予文之石。予惟以为官得民心，为官之贤，可以为有官者鉴，民之所本，为民之纯，可以为悍戾者惩，是宜有言，以述盛美，而更以远且大者，以期何君于无穷也。六合之人，其尚终始之哉。

嘉靖九年庚寅岁仲冬浃辰赐进士出身奉训大夫南京兵部职方司员外郎莆田蓝渠撰。

六合尹何君生祠碑记

赐进士及第国子监祭酒兼经筵讲官翰林院修撰同修国史高陵吕柟撰

何君，讳宏，字道充，别号钝庵，广之顺德人也。以礼经领乡荐，试春官，得乙榜，典教通、泰，以教绩擢六合尹。六合，古棠邑，今隶应天，为畿辅，居冲要。邑小民疲，于治为急，君乃奋然有作，兴利革弊，与民更始，一时区画，无问剧易，罔不与治。同道如此者六年，政通人和，邑治休明，当道上其绩，征为南台御史。既去，民思之不置，请于前职方蓝君志张，作去思碑，纪其政绩，以示弗谖。又数年，君望日隆，民益思报，莫得，乃谋建祠生祀之。邑致仕戚华、耆民许联、刘镗、李传、刘宁、严文举实首其事，募材鸠工，除治东隙地一方，构堂三楹，像君于其中，甃其陛，缭以周垣，载扁其门。经始于嘉靖乙未六月，落成于是年仲冬，佥谓祠以祀生，亦盛事也。盍纪之以章不朽？于是专太学生袁悌与首事戚华辈，具状以告，且以碑刻来，盖欲摭其实也。先是，余官南都时，君方尹六合，尝闻之前御史田君德温，谓其奉法不阿，不失为今之良吏。比余改官北雍，道其邑，其民诵之，翕然同辞，无间舆隶，声闻所及，已略得之畴昔矣。今益参之状，考之刻，夫然后益信其素是，则其去也思，志有本也，其思也祀，祀有因也，其祀也祠，祠有处也，其祠也碑，碑有谓也。二三子正唯是请，余何可拒而没吾道充之贤哉？因约其说，以见一祠之大意，其详见于去思者，不复赘也。况今为名御史，方进未艾，由是而更历津要，造福天下，则太常鼎彝，勒铭有日，此何足以尽之邪？虽然天下者一邑之积也，一邑者天下之推也，政有大小，而道无二致，倘臻其极，则此举固权舆之也。岂惟君哉！式瞻庙貌，谅尔民私，后有作者将不毅然以有兴乎！噫！六之人用意远矣。系之以诗：

卓彼何君，羊城之英。学古通经，时乃登庸。初命有赉，维通维泰。维教作人，邑牧简在。厥邑维何，蕞尔棠区。逼都要途，民未乂居。君既戾止，乃纲乃纪。乃臻治休，六祀于此。命德有恒，法吏是征。民怀曷已，去思勒铭。永思曷处，佥谋营宇。爰祠治东，祀维生主。勒石再扬，于棠有光。于棠匪光，将隆太常。念哉轫发，匪兹莫达。千祀后修，式瞻式法。

嘉靖十五年岁次丙申夏四月吉旦立。

遣蝗告城隍文

维嘉靖十一年岁在壬辰夏五月戊申朔越二十七日甲戌，应天府六合县知县茅宰，谨以牲醴奠告于敕封六合县城隍显祐伯之神：维神聪明正直，出于高城深池之表，在我国初，已蒙显封，正统间，飞蝗蔽天，知县黄渊恳祷于庙，蝗遂出境，是虽人之诚，实神之力也。迄今殆百年，其间水旱疾疫，未必无之，然扶颠持危，起死苏困，所赖于神者亦多矣。宰莅任未二期，遭值多故，顷者自春徂夏，数月不雨，土裂泽涸，野无青草，是为旱灾；回禄肆凶，所在勃发，或一日屡见，或一夜数起，是为火灾；蝗蝻生发，或集或飞，飞则蔽空，集则盈野，是为蝗灾。宰深惟变不虚生，必有所召，自知凉薄，夙夜忧惶，乃请于上官，发廪赈民，然亦无救也。于是躬率僚属，沐浴斋戒，谒庙祷雨，无何雨应。又谒庙禳火，无何火息。宰与百姓固莫不鼓舞，相贺于神休之下矣。独蝗之为物，督捕未绝，生聚日甚。迩者，麦将熟，已啮其穗；今者，禾始生，又食其苗，且遗子将为秋成之患，百姓嗷嗷，有死之形，无生之气矣。窃惟宰之与神，或食禄一方，或庙食兹土，其受命而飨于民也同；飨于民同，则为民所仰赖同；仰赖同则所以忧民之事者当亦同。旱与火灾熄矣，顾斯蝗独不终惠哉？惟蝗飞空之物，有非人力所及，神则可以潜驱而阴弭之，或告天，或使鬼，或投之水，或畀之火，窃敢望焉？以生我民，以释我羞，然亦神职也。仰惟神力，岂独假于黄渊之时，而不假于宰哉！惟神鉴焉！谨言。

六合尹茅侯遗爱碑记

六合古棠邑，今为应天府属，号为难治。嘉靖庚寅，茅侯以进士来知是邑，越五年，政成惠洽，天子闻其贤，征为刑部主事。其行也，邑父老卧辙扳辕，留之而不可得，则乃相与谋曰："曷以报侯乎？惟昔顺德何侯有惠于我，其去也，我为纪其德政于碑，茅侯继之，政与之同，我亦碑之以无忘侯之德也，不亦可乎？"议既嘉合，则乃告其邑之幕宋元朝。元朝，予姻也，乃为书具父老之意，而使之来谒文[1]。予问之曰："尔侯之为邑也，见当道者尝屡荐之，吾亦闻其贤矣，其政如何？尔试言之。"则皆顿首对曰："我茅侯岂弟[2]君子也，自莅吾邑，刑无苛，法无私，讼者造庭，则引至膝前，令其自言，徐以片语折之，人服其公，不烦笞挞。而豪胥黠吏及民不帅化者，则必置之法，未尝轻贷也。邑当孔道，疲供亿久矣，自侯之来，厨傅宾客之供，十损三四，费为递减，而民不知劳。凡百徭役，视产高下为差，皆侯亲为序次，吏无

① 文：《顺治六合县志》作"予"。

② 岂弟：即"恺悌"，和乐平易。出自《诗・小雅・蓼萧》。

所售其奸。常赋之供，岁有定额，而巧取者加耗，或至倍，侯则每户先给片楮，明谕某户应输正耗若干，民乃不受诳，输者顿省。侯居官廉，俸资之外一毫不取，民有罪当罚锾者，则令其入粟于廪，积至二万斛，岁凶则散之，民赖活者甚众。庙学尝坏，为修葺鼎新。稍暇辄诣学宫，为诸生解析经义，此皆侯善政之大者。其细者，虽更仆不能尽也。故自我侯之来也，吾邑野无惰农，士知劝学，岁穰时丰，风淳俗美，邑无寇攘，民鲜流徙，则皆我侯之赐也。若之何其忘诸！若之何其忘诸！”予叹曰：“善哉，茅侯之为政也。”

夫侯之所为，皆其职分所当为者，非有所加也，然世之为政者不能人人如侯，则侯为足多矣。夫不为侯则亦已矣，乃或淫而刑焉，滥而罚焉，仰拾俯攫，惟恐利不盈橐焉，则乃民之大蠹也。呜呼！民亦恶用若是者，为之令哉。其去也，民亦有思慕之如茅侯者乎！若侯者，殆今之良吏乎！予方慨近世吏治之鲜循，而喜侯之事有足为劝者，故乐为之记，既以慰邑人之思，且告夫为政者。侯，名宰，字治卿，山阴世家云。

嘉靖乙未岁秋九月赐进士出身嘉议大夫南京礼部右侍郎前两京国子祭酒右春坊太子右赞善经筵讲官莆阳林文俊撰。

六合尹茅侯去思碑

赐进士出身奉政大夫南京兵部车驾司郎中前刑科给事中长洲张裕撰

六合古棠邑也，我明初鼎奠金陵，隶应天府，为赤县。翼蔽江左，拱藩神都，于时令多荐贡，值宪度维新，民俗淳朴，故景化休隆，万邦同轨。嗣乃网疏吏愒，治罔蠲丞，仰惟我皇上励精图理，勤恤小民，尤重令之选，一时充位，惟贤惟能，莫敢纵逸。独是邑隘而切，剧而绎，骚土瘠，民窭伍曹杂居，视他外特敝，徭差弗易平也，赋税弗易入也，讼弗易息也，文教弗易兴也，旱蝗灾沴弗易荣也，以令于兹，厥惟艰哉。乃嘉靖庚寅，山阴茅侯，起家进士，奉檄至，则喟曰：“敝乎邑也，尝闻反裘负薪，毛焉攸属，竭泽者渔，决亡鲜矣。谓救敝莫若裕民已讼，缓征薄徭，崇教禳菑，凡皆吾令分内事也。”揆厥本要，存心焉尔矣。印将勖诸爰，属耆民，进诸生，问民疾苦，与所不便所便，宜一切默识，竢为之所，夙夜淬砺，渊慎矜持，大书座右曰：“常存此心曰牧爱。”夫亦以心，万事万物之宗；爱，即其推书之示勿忘也。故凡讼牒，辄自承，弗下吏钩率，挟日决之，吏奸莫能售，只缮謄服役而已。有不能生求去者，则呵曰：“无忧，吾活尔也。”间赉以米。既而讼少衰，求直者户徭马丁耳。侯复变通，裒多益寡，逮审编则倡制格册，计户口丁粮多寡高下，涣为九，则萃以均输。于养马也亦然，以其故豪无幸免，窭不偏累，徭役无弗均者，既又以方册清伍，鳞图质地，概量入税，法立弊祛，民悉称便。邑多蝗灾，侯命捕以易粟，数日虫积成阜，邻邑移文以过：“胡驱蝗入吾境也？”侯莞而判曰：“吾捕，君亦捕，奚病于蝗哉？”事闻两淮长者，令诸郡邑如侯法，法行泽润，迩说遐概，淮甸南北数千里，蝗不为害。尤敦意文教，黉舍必葺，生徒学业，躬校可否，旌别惰勤，士感奋誉髦勃兴。若权贵以私请，豪右内交，悉谢绝无所与应，其存心爱民，勤慎自将，公廉啬用，不务矫饰，在任三稔如一日。然嘉靖乙未，擢官刑曹，无何，以狱事诖误，左迁颍州别驾。去邑逾五祀矣，耆民周讃、许联等怀德不已，乃立祠以祀，昌化尹马逢伯、庠生李禾辈相与纪政绩，征言以系厥遐思。裕不佞，窃惟分封废而郡县兴，吏以循名，实则衰也。民以循附，否亦病矣。是故令于民也，最亲循良，令之实也。令皆良，天下治矣，奚名之彰，俗敝教弛，锐人事者懈德行，嗜浮竞者耻恬静，有能崇文教，杜请托，不交权豪，如侯者乎！役使弗均，则从事兴嗟，赋亡定法，则强犷布武，有能画一赋役，俾贫富各获其所，如侯者乎！灾洊臻则岁侵，诬辞行则生扰，有能捍大灾，使民无讼，如侯者乎！盖侯之学，大得圣贤宗旨，故心存爱博，体立用行，于棠也何有，必其妙通感应，不戒以孚者在，然则棠人甘棠之思，又宁有已？侯名宰，字治卿，号茶川，浙山阴人。系之辞曰：

于维有汉，吏著循称，其政闷闷，其人竞竞，悃幅以处，大猷以登，月计不足，岁计则赢，居靡赫奕，去思聿兴。金陵南峙，壮哉神京，粤有棠邑，甸服维屏，天子择令，惠我黔民。茅侯莅止，爰静爰清，狱市无扰，赋徭底平，禳灾铲弊，摧奸扶倾，鸿雁还定，里鲜辍耕，菁莪乐育，士奋大成，曰有父母，曰有师保，去驿已遥，口碑遗教，我近平易，彼尚体要，匪曰欢虞，实则皞皞，恩缔尔衷，固存父老，桐乡仲卿，吴门伯道，祠以奉尝，行乃綷抱，于铄维侯，汉人克绍，永怀弗谖，坚珉垂诏。

嘉靖十九年岁次庚子孟春上浣吉日立。

六合县重修浮桥碑记

昔在圣人，制器尚象，以利斯民，既为舟楫，济不通矣。而于津之可渡者，复建之桥，其始本于架木，后世或甃以石，或浮以航。说者谓浮航始之周文王造舟于渭，秦公子针造舟于河，而后因之为法。古者金陵二十四桥，即浮航也。

六合龙津浮桥，其来旧矣。水自滁以达于江，绕县治之南，号称湍急，而桥则途之要者。近之长民者，每每因陋就简，航皆履迹上敝，水蠹下啮，岁久而烂浥解析之患，生民之涉之若敬若畏，兢兢春冰，仅以身免，稍肆未有不堕者。故长幼相戒，视为畏途，昏夜则严防守，以远垫溺，而商贾行旅之货，用是日索矣。官之由是者，复取民舟以助，而害尤甚焉。嘉靖癸卯，华容黎君两峰以御史谪尹是邑，视民之溺，若己之溺之，临流浩叹，奋然兴怀，于是出无碍官帑，简命贤能而更缮之，鸠材孔良，剔蠹易新，去败崇坚，凡诸工力器物，一切不扰之民。未几桥成，而民无劳费，其规制虽仍之昔，而壮坚固好，实百倍焉。傍复植之以栏，维之以锁，斯民往来，若履孔道，车马骈阗，络绎其上，虽使五尺童子涉之，而亦无复顾忌，昔之惊怵骇汗之地，今则安舒恬愉矣。凡厥士民戴君之德，咸愿彰之，以垂诸后，而征言于予。

予惟士之于世，苟知有志斯民，则民未有不被其泽者。津梁一事也，而王政系焉，孟子之讥子产是已。昔杜预造舟梁于平津，众议翕然，以为不可，而预独任之，既而君赏其功，民享其惠，传至于今，诵之不绝，凡以为利民也。况君昔任平湖，而其民立石，既居御史，而以直见忌，方今莅治兹土，凡诸蠹弊，洗濯殆尽，谓之有志于民，非邪？故即君治桥之绩，则其政之能芟弊而布德者可知矣。即君不忍民之昏垫于水，则君不忍民之饥寒，而无教可知矣。即君于一邑而惠民若是，他日展济川之才，以佐明时，辅大政，民之戴之，不预卜于此耶！是故可以记矣。

是役也，出镪凡若干锾，置木凡若干，植[1]舟凡若干艘，栏凡若干，干高若干尺，锁维舟者凡若干丈，其委命督役则耆民李、傅、余、金辈，皆其徒；而诣予征言者，予所世厚里民田惟也。咸宜书之，以示来者。

嘉靖二十二年季冬之吉，赐进士出身中顺大夫河南等处提刑按察司副使致仕前南京兵部武选司郎中吴郡顾璘撰。

六合县重修儒学记

六合县儒学旧在县西，宋绍兴间移置县东，毁于火，寻复故址。入国朝以来，兴废者亦屡矣。正德甲戌，县令万君廷珵、学谕徐君丙尝修葺之，阳明王先生为之记，迄今几四十年，上雨旁风，日以倾圮，有司惮于工费，莫克振之者。乃嘉靖庚戌，阳信董君邦政来知县事，始视学，既怃然曰："吾事也。"甫期，政通人和，乃白于督学侍御翠岩黄君，下其议于京兆尹，佥谓须若干金。将复中止，董君毅然曰："吾为令而学校弗修，何以令为?"乃检帑藏，得羡金若干，请于上，可之，即日鸠工举事。凡栋宇榱桷之朽蠹者，瓦甓墙垣之颓败者，悉撤而新之，规制未备者增益之，旧以尊经阁为敬一亭，伐石以勒圣制，以宰牲所为启圣祠。限于地也，入学门数武为奎璧楼，以壮形势，其他师生廨宇斋舍，翼如焕如，倏焉改观矣。经始于辛亥十月，迄工于明年四月，计所费金为两者殆七百有奇，止动官帑若干。余皆殚力区画，或取之劝谕，或取诸罚赎，皆令躬自输作，而官为督之，出入有经，而下无非议，公无所费，而民不妄取，君子谓董君尽心于事，而才足以济之也。于是庠生朱懋、李熊徵辈相率来告，求余为记。余惟天下之事，惟尽其心而已。《诗》云"秉心塞渊，騋牝三千"，牧事尚然，况为政乎？然政与学一也，尽心以为政，则为善治，尽心以为学，则为真儒；以言乎体，则尽心知性而知天；以言乎用，则尽人之性，尽物之性。以至于参天地，赞化育，皆不外乎吾心而已。心之外，固无学也，学之外，固无政也。是则有司之所修者，修其在外之学，以为士子游艺之所，士之所修者，修其在内之学，以为国家致用之

---

① 植:《顺治六合县志》作"置"，可从。

具，盖均有责焉耳矣。六合为畿辅巨邑，长江蜿蜒，襟带左右，山川之秀，钟而为人，代有名世之士，出乎其间者，各有所表建，匪[1]若徒为取高第，跻华要之计，而曰吾特假此以为出身之地也，则修学之意荒矣。董君，余同年进士大参琦之子，盖能世其学者，今为令，百务具举，芳声四驰，修学其一节云。是役也，学谕郭襄、司训徐梦熊、何桂实襄厥成，河泊所官鲁锐则董其事者，法得附书。

嘉靖壬子冬十一月望日赐同进士出身资善大夫两京刑部尚书吴兴顾应祥撰。

附请文启

应天府六合县儒学教谕郭襄等，率生员顿首上启柱国台辅顾老大人下执事，伏以纪天下之肤功，必待文章之巨伯，负天下之伟望，应操著述之大权。矧夫子宫墙，万世瞻依之地，而朝廷学校，多士造就之区，赖有司之崇儒，多留心于此务。昔谓循良之吏，率以兴学为先，废坠之余，既鼎新于重建，改观之下，当贲饰以名言。窃愿得盱江其人，若作记袁州之学，非特扬宋休而光祖守，抑殊关世教，而淑人心，岂图今日躬逢，允与前人匹美，敢辞僭越，径渎尊慈？恭惟我执事，肇迹三吴，际昌期而历试，致身九棘，掌邦禁以持衡。道与时行，八柱起擎天之望，德符帝赉，三台仰庇世之光。喉舌五位之圣人，垂金瓯于廊庙，帡幪四海之黎庶，廓广厦于襟期。染翰天成，奚羡修凤楼手段，立言世则，动占补龙衮心机。极仰止于平时，故攀援于一旦，载陈始末，伏候钧裁。倾因本县儒学创立年深，倾颓日甚，自重修将延四纪，谋改建又几一旬。前此欲首事者，更数尹而未能，间或有小葺焉，艰烦费而莫竟。及今知县事董侯邦政，始视篆而目击其蔽，既叹属有司之羞，每临学而情激于衷，遂决力常经之请。顾工程之浩大，经估计之几番，胡宗主尝许募民，黄宗主只容公帑，然在官之数有限，而毕工之费多方，惟侯用戚于怀，责己必酬其愿，但冰蘗之操素定，仍避出纳之嫌，且衣袽之戒常存，

① 各有所表建匪：底本缺此六字，据《顺治六合县志》卷九补。

尤慎催督之选，专差里老，时遣属官，料理得人，而承命者慕义，经营恤众，而趋事者忘劳，木石鸠材，价同市粥，梓墁速匠，人给家粮，不扰民一钱，而一钱未尝经手，不致期一日，而一日未始忘情。盖侯既心乎圣贤之心，而民自事乎父母之事。阅三月而告竟，撤百废以为新，谆戒虚华，敦尚坚致，奇其落成之速，若有默相之休，庙庑森严，敬妥灵于贤圣，堂斋整肃，便执业于师生，乡贤、名宦而重祠，敬一、棂星而崇构，阶除如砥，栋宇联山，轮奂萃美于一方，观望骤骇于众目，于此见贤侯敷革心之化致，邑人昭不诚之孚妙，鼓舞以育才，幸甄陶之得所，起颓敝而报本，庆礼乐之咸新。兹欲纪其事以勒碑，是用恳明公以秉笔，敢并详其政绩，以便核夫才猷。侯本阳信之人，系出荐绅之胄，成均选贡，科第遗英，尹此古棠之初，岁维庚戌之夏，甫三月而报政，未逾年而得民。初为文以禳蝗，蝗乃投江而不害；继徒步以祷雨，雨即刻期而成霖；野人献遗窖之钱，籍其半而稍资修缮；刑曹委无头之狱，获若首而立判淹留；塘有遗尸，鞫窃盗而巧中杀人之犯，道逢剧贼，纳首实而遍擒朋恶之凶；诛海寇而屡战江洋，弭百年水劫之患，诲社生而收养庠序，增六合泮游之员；选木铎与民老人，风俗励而庶务理，建训术与训科，职官属备而纲纪张完；置孤老之居，惠鲜不止于衣食，募练兵壮之艺，犒赏何靳乎货财；饰戎器而豫具火攻，宽地租而特兴水利，息民讼而纸价严报，审里甲而户口均平，惩市棍而发流民者三，伸宿冤而拟死罪者再，公廨肃而一芥无私馈，公帑清而一毫不妄销；驱民猛兽灾而瓜山效灵，三围擒白额虎四只，济民养马费而龙池赐贶，一网举青鲢鱼百钧；近悦远来，邻境有质成之讼，内安外攘，域中无反侧之徒。凡此皆其大端，其他不可枚举，以长民而若是，信当道之有知。历任甫及三年，荐奖三十余次，巡江王柱史则荐以“性本刚直，操尤谨饬，才优边务，而力胜繁难”；操江卢中丞则荐以“诗书家学，科目遗英，才赡冲疲，而器堪盘错”；若代巡孙公之荐，尤多鉴别之言，倜傥有为，精敏多智，善驭军民之杂，巧发诡秘之奸；不畏势，不避难，虽剧强在前，而断之以理，不任情，不废法，虽干托百出，而应之以公；一念爱民，寸心孔洁，多方保境，以身帅兵，真为出众之才，懋有向往之志。性敏才充，政修事举，此巡抚周公之旌；治理无滞，而防御有功，乃操江李公之奖。继李公者，卢公也，荐剡既上，仍奖以留心民事，用意江防，有未尽嘉与之辞。继卢公者，蔡公也，江寇既俘，特奖以奋义，斩获俱有奇迹，及志节尤异之誉。李公巡江之奖曰：性资英睿，才识刚明，苟利斯民，挺身直任。陶公巡江之奖曰：才猷通练，武备整闲，奋勇折冲，凯歌俘馘。为巡仓之奖有三，不曰端详通敏，胥服军民，则曰听断公平，愿归遐迩，允称民之父母，可匹古之循良。为太仆之奖再四，不曰谨恪严明，改观县事，则曰廉能操执，可保始终，临事则烈丈夫，平时则良令尹。其谓刚直之性，明断之才，保境而道不拾遗，治剧而事若迎刃，此出于代巡赵公。其谓教养兼举，治具毕张，勤民而任久相安，兴学而小大有造，此出于提学黄父。在刷卷清军之奖，有曰：谋猷出众，莅事恭勤，牧爱无惭，冲繁可寄；在钦差户部之褒，有曰：倜傥有制，守己清廉，听讼无冤，信为良吏。印马豸史，亦以性资端详，才识英敏为说；巡盐察院，亦以勤敏有为，事多振举为称。屯田张公则曰：练达有用之才，清约无疵之守，公听断而邻讼皆归，备防兵而江寇就执。盖民怀而吏畏，不吐刚而茹柔，卓有贤声，未涯后效。芦政王公则曰：才猷别局，器度迈伦，廉介著青天之谣，擿发有神明之号，兴学而楷型多士，靖江而保障一方，是诚文武兼资，允宜破格超用。近奉给由批语约言，品第愈精。督鹾王公谓赋性刚明，立志远大，三年六事多就；代巡闾公谓才猷迥振，县治已成，文事武备素兼。至我宪学赵公亦有藻鉴定论，留心学校，而讲习考课，咸有成规，注意江防，而治戎诘兵，可以敌忾，称之者不一而足，受之者绰然有余。虽漫及以伤烦，固因事而实录，倘如所请，珠玉唾落于九天，从此有征，奎璧联辉于百里。冰兢在念，月旦惟评。稍示褒崇，庶申报称。诸生佩服以为教，各奋进取之图，后修感触以兴怀，并受保终之庆。一时脍炙，会称绝唱之文，千载仪刑，永作不刊之典。事关道义，情属恩私，仰冀垂矜，俯从末志。谨此上启，不胜冒昧悚愧之至。

六合县新修梁塘铺记

梁塘铺在六合之南，去县四十里，入江浦，道宽平，可憩车马，旧以此为驻节之地。轮蹄鞅掌，日夕不辍，屋舍浸敝毁，势将倾覆，阳信董子来宰六合，见而叹曰："是可使通逵要地之胜，鞠蓁莽邪，矧缙绅止憩，顾可处岩墙也乎？"然民未知向方，而顾令之输力，是为殃政，非所以教民义也。

于是整饬百度，梳剔坠典，逾年而政行化洽，再年而庶绩咸熙，乃谋举事。辄又叹曰："输民力以供兴作，是为伤财，非所以养民富也。"于是诹议处需，捐不及，积有余。悬垦山刊木之佣，募其力，揆攒凿撞秘之用，庀其工，具舁辇畚筑之器，膺其要。诘旦有众输栋楹者计如干，输欂栌者计如干，输甓甃者计如干，版筑具兴，五材并饰，逮月而厥工告成，六民胥悦。余因为之纪曰：惟此梁塘，在离之方，负山面江，门御周道，墙荫修篁，境胜于外也。远购金石，旁延世工，塈涂宣皙，瓴甍刚滑，术精于内也。轮奂娟頔，丹垩辉映，蘧庐有等，主吏有第，役夫有区，庭容牙节，庑卧囊橐，内庖外厩，理而不溷，师行则飨亭，孥行则别邸。周之高墉，楼之门阀。波澜汹涌，翔鸟薄云，山峰对亭，渔歌递响，劳迎展蠲洁之敬，饯别起临望之思，走毂奔尾，遄征急宣，入而忘劳，出必屡顾，其递舍之尤乎！

董子，讳邦政，字克平，别号北山，少负奇气，思愿为国家建不世功，廉明勇毅，人莫能及，治六垂三年，德政种种，不可罄述。至于诛凶御侮，为长江保障，又荦荦大者。先以文庙隳废，设方略，经营之，聿成伟观，兹梁塘特一节也。余井闬相去百里，家食时屡同献艺于有司，咸著声海岱间。兹宦游南土，虽列有内外，然时相闻相晤，未尝不庆乡邦有人，而雅尚其气节也。援笔漫书于屏。

嘉靖壬子冬孟之吉南京刑部浙江司郎中两川朱舜民书。

驱蝗文

维嘉靖二十九年庚戌岁七月壬辰朔初十日辛丑，应天府六合县知县董邦政恪备羊豕醑核，徒步率官胥，秉虔致告于八腊之神，曰：职始有事，邑北见飞蝗群拥，心切惊惧。溯求古人政治之善者，蝗不入境，而政奉命以来，守邑才及四月，其诸一切为上为德、为下为民，不敢自戾，动必求诸古人，期安于屋漏，宜其休祯见觇，黎庶奠居，夫何乃有此异也？无乃未定之天，或然之数耶？兹斋戒沐浴，特禋展敬，诵忏弭灾，伏望神垂恩庇，曲赐阿护，上体圣天子垂情民隐之懿，下怜赤子嗷嗷待哺之苦，俾蝗之东北来者皆返而北，东南来者皆趋而南，欲殄其种，咸驱之大江，若全其生，尽使之芦食，庶垂成之粒不吻于夭虫，而筮仕之官获安于丰土，约三日之内，四境不滞一蝗，职当另洁举谢，惟神其默相之。

谢　文

维嘉靖二十九年岁次庚戌七月壬辰朔越十四日乙巳，具官董邦政敬率官士胥民，谨以柔毛刚鬣庶品之仪，致祭于八腊之神，曰：月前，蝗遍邻邑，神护吾土，界之而不使之入。日来政等有祷，才及三日，分使四探，谓蝗皆遁而远去，岂政等之力足以格神，实神之德以庇民也。兹特洁牲虔谢，尚其垂令，终之泽保，有秋之庆，以慰斯民于无穷，昭灵响于不替。尚飨。

学工讫告先圣文

维嘉靖三十一年岁次壬子五月壬午朔越二十六日丁未，应天府六合县知县董邦政敢昭告于先师孔子之神，曰：惟师功在万世，崇报有年，天下宫墙，时祀惟虔。惟兹庙貌，久圮将颠，前此欲葺，中止告艰。政来令邑，展拜斯恻，心委予辜。初政靡及，奉职逾年，百度稍饰，乃遂经营，自任其亟，移牍当途，公帑是需。赖夫子灵，在天相余，文宗既允，下民亦孚，卜日鸠工，民咸乐趋，取材木石，工费丹碧，忘其在公，率同市易，在民一钱，未尝仰给，罔敢经手，幸亦事集，但竭鄙诚，报本冰兢，甫逾三月，遽尔告成。殿宇堂斋，亭祠诸楹，一新轮奂，允慰群情。追惟始撤，不无毁折，震惊圣灵，隳突贤哲，为礼致愆，曷胜陨越，既究厥工，寸心孔结。兹涓吉辰，敬妥圣神，用洁牲醴，昌昧上陈，庙貌鼎新，赐贶孔殷，适逢大比，多士采芹，仰冀圣庇，大发科第，储养俊英，日益成器，政身后修，均与吉会，祭则受福，永蹈圣诲。敢告。

学工讫奠土地文

维嘉靖三十一年岁次壬子五月壬午朔越二十六日丁未，应天府六合县知县董邦政谨以牲醴，致祭于儒学土地之神，曰：惟兹修造，撤旧为新，甃筑涂墁，用材孔殷，建置培画，震荡坤阴，要其所自，非固渎尊，崇祀圣贤，兴起斯文，万世为土，神谅同心。今兹讫工，允慰忧勤，载陈牲醴，告谢明神，尚赖神休，呵护儒林，凡我官士，迪吉逢辰。尚飨。

驱疫文

维嘉靖三十一年岁次壬子七月辛巳朔越二十五日乙巳，应天府六合县知县董邦政敢昭告于城隍司瘟之神，曰：惟神司天五厉，代宣阴辟，所以殛恶罚淫，非漫为之也。兹者疫毒昌炽，邑民相染为灾，政忝牧兹土，用是秉虔上质于神。窃谓为人上者之视民，犹父母之视其子，一有疾病，辄廑厥衷，六合之民皆吾赤子，今受此荼苦，其能释然于怀邪？矧天道好生，鲜罹六极，惟神顺天张瘅，讵肯不辨淑慝，概贻民戚之若是也。伏望敛眚回祥，大垂庥庇，俾四境各遂其生，庶政为下之心得以少慰，而神保釐兹土，愈有闻于无穷，不其伟哉！特具牲致祷，惟神其鉴佑之。

谢　文

维嘉靖三十一年壬子岁七月辛巳朔越二十九日己酉，具官董邦政敬以香楮，致谢于城隍司瘟之神，曰：政以小民传疫，式率官属虔祷于尊神者三日，但见天色晴明，风气清爽，此邪气扫除，正气流行，民安疾殄之兆，是盖尊神俯惠下民，特垂恩贶，政等不胜感戴之至！伏乞垂惠有终，措民无恙。敢告。

祷雨告城隍文

维嘉靖三十年岁次辛亥五月戊子朔初六日癸巳，应天府六合县知县董邦政敢昭告于城隍之神，曰：惟神职司生成，造化万物，雨旸恒期，百谷赖育。今稼穑甫勤，有苗盈野，而雨久不至，苗将尽槁以死，民将无所食，鬼神将无以为飨，政切忧焉。惟神与有阴骘下民之责，今无辜罹兹旱魃，其容坐视而不为之所耶？将谓尹者不仁不明，不能承帝之命，致有此罚，然政簉仕以来，素惟廉洁，忠信自守，苟获罪戾，神惟瘠逮政躬，岂可耗斁下土，使粢盛委于草莽，疲民臻于饥惄，神亦何所歆承哉？兹特洁牲虔告神，尚无爽其聪明，斡旋机运，兴云沛雨，俾稿苗而成有秋，黎民免于丧乱，政之望也。

谢　文

维嘉靖三十年辛亥岁五月戊子朔初九日丙申，具官董邦政敢昭告于城隍之神，曰：维神之灵，显著古今，有感必通，迥出高深，因旱致祷，立候好音，神即我答，一雨为霖，苏我稿禾，泽比南金，我忧既释，允慰群心，匪我之感，神惠孔殷。谨陈牲醴，用展报忱。於乎！宣阴达阳，机不爽于影响，御灾捍患，神何愧于明禋。敢告。

壬子祷雨文

维嘉靖三十一年岁次壬子五月壬午朔越二十九日庚戌，应天府六合县知县董邦政敢昭告于城隍之神，曰：往岁祷雨，荷神之休，膏雨既降，民赖有秋。乃今不雨，仍为旱忧，云霓之望，欲慰何由？兹虔再祷，匪渎用谋，神无不在，惠无不周，一有灾沴，舍神焉求？尚冀一雨，遍我田畴，益张神贶，俾我民瘳。於乎！人事修为，政不安于寝食，玄功斡运，神谅远夫怨尤。敢告。

谢　文

维嘉靖三十一年壬子岁六月壬午朔初二日癸丑，具官董邦政敬谢于城隍之神，曰：于维明神，妙应如响，有鉴精诚，毫发不爽，比年祷雨，锡我灵贶，暨今再请，雨复立降，稿禾回天，颖栗无恙，慰我民忧，俾我治状，足国足民，太平有象，荷兹洊休，曷胜敬仰，刑牲洁觞，报谢用享。伏愿自今以往，雨旸时若，预弭灾沴之端，丰稔默成，毋涉云霓之想。敢告。

祭龙池文

维嘉靖三十一年岁次壬子二月癸丑朔越十五日丁卯，应天府六合县知县董邦政敢告于龙池之神，曰：嗟乎，此池其来久矣！近取鱼办养马费，民之盗以射利者无算，而租人反不得施网罟，病莫甚焉。按《传》曰“泽梁无禁”，而《经》又有厉禁之设。爰著为令，每岁一举网，期以仲春，其利归之租户，不以时及盗者罚，庶惠及于民，爱及于物，成神之贶，而不废王制之遗也。今青阳司晨，獭祭告毕，正时入之期，乃命渔人行事，躬致奠告，惟神其歆之。

江捷谢武安王文

维嘉靖三十一年岁次壬子十二月巳酉朔越二十五日癸酉，应天府六合县知县董邦政谨以刚鬣柔毛庶品之仪，率众致祭于敕封义勇武安王之神，曰：政奉命莅邑，深惟江洋盗贼猖獗，生民受害，乃立保甲，严江防，造战舰，修器械，期奠安境土。往秋，射江贼于瓜埠，贼伤者虽众，犹未获其首领。今年十二月十九日，从事于京，旋途报贼艘五，贼众百，扬帆鼓棹，劫人于观音山北，政即督兵往战，因祷于尊神，祈神之佑。未几，风恬浪息，贼不得便，政乘流率小艇夹攻，亲冒矢石，歼厥渠魁，伤其胁从。于是，兵卒乘胜奋勇，各献技力，生擒一、斩首二，溺死扶伤者无算，上功幕府，行赏有差。是虽政殚竭忠悃，群卒效力，至于贼损半百，而我军不毙一人者，实神明之助焉！兹洁牲仪，仰酬神庇，伏愿明神弘敷义勇，大振威武。方今北虏匪茹，致廑圣主，中外之忧，仰祈助我边圉，灭兹蠢丑，以奠我皇明无疆之基，以造天下生民之福，实政之望也，岂止于六合而已哉？

禳火文

维嘉靖三十二年岁在癸丑二月戊申朔越二十七日甲戌，应天府六合县知县董邦政敢昭告于祝融氏之神，曰：惟天五运，阖辟化机，厥有丙丁，实司火德，所以主长养之柄，而造化乎万物者也。今春木气升，青帝司运，而回禄侵权，昌炽火灾，岂养物者而反害乎物耶？又闻有鸦负火种，落处即燔，政窃有惑焉。惟神与有养民之责，切忧民之心者，据兹火患，神可坐视而弗援乎？为此秉虔具祷，乞遣妖物于境外，乂安百姓，另当洁诚申谢，其或仍前肆眚，是神不能卫护兹邑，无功于斯民，宁不汗颜也哉？惟神其鉴思之。尚享。

谢 文

维嘉靖三十二年岁次癸丑二月戊申朔越二十九日丙子，具官董邦政率众致谢于祝融氏之神，曰：顷因民屋多焚，群眚为害，尝洁祷于神，以期息患。逮三日入夜，而霖雨陡施，雷电交作，灾祛害除，民用以奠。绎思其故，盖雷电乃驱眚之威，而霖雨实润燥之泽也。非神之贶，何以有此？兹用虔拜，惟神其永惠之。

江防议

应天府六合县知县董邦政呈，为陈一得以靖江洋事。切照江贼跳梁，出没无忌，矧江海接通闽浙，倭寇易于结连，将来之势，渐不可长，诚国家之深虑也。今巨盗杀人于江，闵不畏死。巡捕者事弥缝之巧，司土者无金戈之戒，视为泛常，因循不振。本职备员江县，目击群凶，思欲尽扫，但沿江上下，地方广阔，岂能一一如约？兹具鄙见二十事，上陈电瞩，倘赐采行，亦肃清[①]江海之一术，抚卫苍生之小补也。条具于后。

一曰举将材

夫民之安危系兵，兵之胜负在将。传曰："将不知兵，以其卒予敌也。"盖将得其人，则兵势自振。本职历观武弁，见此辈[②]安享国恩，无操危虑深之学，兼以膏粱之子，不闲金革。贪者则朘剥士卒，怯者则虚糜廪禄，目睹杀人劫财，心骇肉战，或闭门退缩，或驾舟远避，贼去之久，始[③]放炮鸣金，虚应故事，如此而欲江洋之靖，得乎？伏乞宪台询访，择其忠谋素著、不贪不怯者任之，求真材以收实效，此今日之切务也。

二曰选士卒

今日沿江士卒，其在军卫者，则积年巨猾；在有司者，皆市井无赖，一闻

---

① 清：董邦政撰《长春园集》上册作"靖"。
② 见此辈：董邦政撰《长春园集》上册无此三字。
③ 始：董邦政撰《长春园集》上册无此字。

警报，将虽欲敌，而彼先倡为利害之说以恐之。临敌之际，复退怯不前，甚有受贼月例，反通关节，将之谋未施，而贼先得其机，预为术以破之者，累岁不获捷音，职此故也。本县瓜埠弓兵及东沟民壮，本职亲选武艺精通、膂力过人者，始用之。但各处老弱疲惫之卒甚多，而欲与亡命之狡寇相持，其不败衄也者几希。各处军民之卒，必慎选而后可用也。

三曰利器械

善事利器，理所必然。沙寇长矛、短剑、矢石俱备，而我卒器械不精，弓矢不具，至有徒挎空掷者，欲望其取胜，得哉？为今之计，卒分三艺：其一柄火炮，以击远；其二操弓矢，以射远近之间；其三持长枪，以刺近。又令各悬一刀，以备短刺，然必须精致锋利，始①攸济于用也。

四曰坚舟楫

夫水战之有舟，犹陆战之有马。盗舟坚致牢实，双桅桧楫，破浪冲风，可昼可夜。而我军楼橹不固，帆樯不完，攻则易靡，追则不锐，是无应敌之具也。况各处修理巡船，自有钱粮可用，但军卫有司，因循不举耳。乞行令各属，通行修理，务期完固，以历久远，毋应故事，冒破钱粮，以资②贪计。既修之后，必坐名委人看管，毋致损坏，始应敌有本也。

五曰明赏罚

本职少历边陲，见军法甚重，而此方赏罚尚有可议者，何也？夫人之所至爱者，莫甚于生，而其所至恶者，莫甚于死。战者，危事也。以不一之民，而驱之锋镝之下，非严法令，民莫肯前。盖民之畏令甚于畏敌，而后得其死力。今江洋失事，但薄示责辱而已，欲三军死战，敌忾执俘，其可得哉？此后有斩寇立功，获捷异常者，本院重加优待；其或地方失事，不至于杀人者，犹可量治；若劫财杀人者，通将把截、亲军、巡捕、巡司等官，军卒、民壮、弓兵之类，重责问罪，仍住各官兵俸食，限获贼而后开，如不获原贼，另获他寇，亦可补赎，则官兵知警，而上下效力矣。

---

① 始：董邦政撰《长春园集》上册无此字。

② 资：董邦政撰《长春园集》上册作“恣”。

六曰紧关扼

夫御贼有要，不执其要，而汗漫求之，则为力愈劳，而功竟不可得。要者何？九逵之道，狭隘之江，盗贼必经之区，我军可战可守之地是也。要津为何？曰镇江，曰仪真，曰青山，曰瓜埠，皆京北可阻截擒剿之区也。本职始任，未选卒饬器之时，有事京口，见江盗白昼劫财，瓜洲之渡无敢谁何之者；又有事于仪真，见青山之区，沙船突下，约二十余只，列戟横矛，鳞排贯棹，把截之官，明知为盗，无敢一问之者。何也？将不得人而兵弱也。乞宪牌委令各处把截员役，选带精锐，横船扼口，朝夕严禁，遇有贼船，即随机截杀；若贼势众大，力不能支，即驰报上下之兵，协力擒剿，金陵之北，可保无烽燧矣。

七曰戒剥削

夫财者，民之心。古之成天下之大功者，咸于爱士中得之；而今之武弁，专事朘剥，巡检之类，亦皆不检，甚至既纳月钱，军兵尽卖放之者，如此而欲靖寇，得哉？乞赐严禁，士卒之幸，地方之幸。

八曰革月卯

巡检之设，专为统兵江洋，巡哨截杀。不知昉于何时，而有南京月卯之行，每月二十九日离司过京，三十日应巡视衙门卯，初一日应内外府厂卯、应天府换循环卯，初二日应操江都察院卯、临淮侯卯，初三日南京闲住，初四日应户部大堂及云南司卯、此日户部不坐，初五日始得应卯而归，至三十日又离司赴京如前，至十九日始回。是一月之间，不急之务，先占半月，官既不在，何人率兵防御？此事之至弊者也，可因可革，乞伏尊裁。

九曰绝夜棹

江舟之盘诘于昼者，无俟言矣，而其弊最在于夜。盗贼踪迹诡秘，方其未劫也，则乘夜而来；逮其既劫也，则乘夜而去。盘诘之兵，曾无问之者，由是[①]夜棹往来，信为常事，虽有盗舟，亦漫不之察，无怪其猖獗也。伏乞宪仰江扼把截官员，每遇日入，则横锁贯舟，抛锚江内，不令一船往来。其有

① 是：董邦政撰《长春园集》上册作“于”。

往来者，不论常人、盗贼，一概拘系，次日查究，此亦弭盗之一术也。

十曰禁沙船

双桅沙船节奉钦依事例，令地方官严拿入官，而各处多不奉行，盖沙贼过人之艺，在操舟耳。沙人之舟分外轻扁，八风皆能鼓舞，其来其去，疾如翔羽，我舟殿乎其后，虽有勇卒谋士，技莫能展。此后沙船载粪、载商，止许一桅者行于江上，仍要改尾粉稍，编号给牌，方得无禁；其双桅者，虽有牌照，亦不容行，盖此为水盗之长技必用禁除者也。本职二年以来，拿获二十余只，申报操、巡二院，分令要害去处，彩画用之，颇为有助。伏乞督限巡司把截官一月报拿一只，有者免罪，无者重责，多者给赏。此令一行，三月之间不战而盗息矣。

十一曰慎援兵

巡兵之设，一处少者才一二十人，中者三五十人，多者不过百人。而盗贼之来，连舟集伙，动逾数百，众寡不侔，强弱不敌，欲委罪于我卒，亦不絜矩之甚也。此后贼入一境，本境之兵力不能剿，则举烽燧飞报，卒使邻兵刻期救援，相期[①]截杀，后期不至者，许本境之兵报院，重加罪治。

十二曰仍额卒

祖宗于险要之地设立兵卒，有一定之数，盖酌量地之险易，定卒之多寡，最有轻重。而近日庙堂之上，急于[②]备虏，遂欲废天下弓兵民壮，是犹断手足而安心腹也。瓜埠弓兵，原数五十名，去岁因闻虏报，欲备游兵之用，仍[③]裁去四名，今已太平无事，乞台慈仍给原额，庶兵势不孤，而擒敌有本也。

十三曰明界限

缘江军卫有司，各有一定之界。自六合言之，南至唐家渡，唐家渡而南则观音门，暗伏官军地也；东至东沟，东沟之东则青山，把截官军地也。近因界限不预报本院，每遇失事，则彼此推避，莫能折中。为今之计，凡江洋之在宪属者，行各州卫细查，照依原定界限，开说分明，庶责有所归，而人心

---

① 期：董邦政撰《长春园集》上册作“机”。

② 于：董邦政撰《长春园集》上册作“欲”。

③ 仍：董邦政撰《长春园集》上册作“乃”。

知警御矣。

十四曰清洲户

盗贼不殄，虽由于产之者有源，亦由于容之者有地。夫盗贼之产，产于泰兴、崇明、太仓、靖江、江阴沙上，故此方谓之“沙寇”。而近江之洲，旷阔多势豪，军民杂处，其田不能自种，即召佃人，其佃人率多沙上之人，不无盗贼之亲识宗族在内，彼此容留窝隐，莫可踪迹。是以白昼空舫而出，夜则满载而归，及有追捕，非截江拒敌，则赴援洲主，城狐社鼠，不薰不灌，情甚可恶。本职匪茹，凡洲在六合之境者，不问豪势军民，一洲之上，将所居男妇大小、姓名、年籍，编造一册送县，仍立一洲长，凡洲边有警，责令率众救援，朔日赴县应卯，行之久远，似亦相安。不知推之他所，有裨否也，用敢掇说。

十五曰慎保甲

保甲之设，亦古人守望相助之意，屡经操巡两院，出巡明示，但有司不肯奉行耳。此法一行，真可息寇。六合小邑，在京卫所屯田三十有六，民寡军多，往者保甲之法不立，水陆之寇多匿军屯，本职近者力行之，一月之间得强窃盗拐带四十余人，地方以宁，此其明效也。其在崇明、泰兴、靖江、太仓，尤为急务，如穿心港、史家港、沙河港、地法港、黄家港、万寿寺新港、急水港、庙港、青草沟、过船港、吕家港、圌山、黄山门、周家桥，盗贼聚啸出没之区，虽曰恶土，其中未必绝无良民，姑宥既往之愆，自本院颁令为始，以后有仍前不悛者，许同保同甲之人举首，仍将其家劫得财物赏之，否则连坐，行之之久，其盗亦可弭矣。

十六曰设游兵

今之边方，自总兵、副总之外，有所谓游击者，专巡行边国，往来游伺，一闻贼警，即行截杀。今之长江，少此一帅，本职为县符所系，不能上下江洋而守备，解明道者，亦庶几之独恨其兵寡不支耳。应天府检校张大伦，生长边陲，勇略素著，拘之府领，才岂克施。以本职鄙见，本院宪牌，专委本官，常川瓜埠住札，一闻上下警报，即令率本职所选之兵剿之，若患其寡，再于应天四县选兵裨益。盖应天所属八县，上江二县，原未有兵，六合小邑，止有民壮七十，分为二班，一班在县看守仓库、狱囚，一班旧在东沟，今移瓜埠，协同弓兵截杀。而江浦冲繁，民壮供役亦甚劳悴，独句容、溧阳、溧水、高淳大县，民壮至有三五百者，终岁空闲，未擒一寇，其间间有为巡捕官卖放，虚糜朝廷食养，吮竭赤子膏脂，深为可恶。本职鄙见，欲每县就令张检校，精选骁勇武艺者，随其多寡，如六合事例，聚之瓜埠，日日操练，有警率之截杀。本等工食自足，俯仰长江，有此关锁，盗贼何由而猖獗哉？但人情安于蹈常，而难于虑始，恐继本官者，不得其人，不欲创开此例，其议遂寝，当此多事之秋，乘可用之才，暂行委用，后不为例亦可也。本职有见于靖江，而无见于破例，故有此说，伏乞本院宪裁之。

十七曰宥战亡

谚曰，杀人三千，自损八百。战斗之间，交锋对垒，纵尔全胜，难保我军必无伤残。近有战亡军卒加罪之条，武弁遂假此藉口。自本职鄙见，有敢于战斗者，虽阵损军卒，尚当以功论，若退缩避难，巧于谋全者，虽部伍不损，亦罪所不原。如此则忠者不至于取祸，而巧者无所肆奸矣。

十八曰收全胜

夫水战与陆战为用不同，陆战一相见之间，便当交刃，而水战则不然，何也？寇初与我军相敌，人完胆壮，其气甚锐。若不审时宜，辄登盗舟，必反为盗制。凡江中杀寇，须以火器丛攻，或盗或舟，伤残一半，稍近则箭弩齐发，又伤残一半，盗之锐气尽索，势必不支。我舟乃环于其外，用灰[①]瓶火棒槌乱打，灰腾烟障，盗不能视，随用石块抛击，又用最长坚竹丫篙，一拥而刺之，势必倾倒沉溺。万全之策，无过于此。若有便风，恐彼[②]乘遁，则用烧蓬箭烧之。

十九曰招才艺

天下之事，天下之才为之也。而况用兵危事，容可不延访才艺之士乎？孔明、子房之徒，虽不世出，然古人不借才于异代，我朝二百年养士之恩，岂无才人智士生于其间？特在上者未能尽弓旌币帛之招，是以贤人君子皆伏草莽，不肯轻出，天下之事谁与共之？本院折节下士，咨访英贤，除揭牌院

---

① 灰：董邦政撰《长春园集》上册作“火”。

② 彼：董邦政撰《长春园集》上册作“被”。

前，许蕴韬负略，设计出奇，与夫知占候，明遁甲，有奇术，怀才抱艺[①]之士，许不时禀见。仍行按属各军卫有司，一体揭示广招，令有司先试，果有可取，非徒言者，以礼送院，以凭复试。果尔出众，留之左右，以备缓急。再有实效，献之朝廷，以大用之。万无过人之策，亦须善遇，如此则豪杰向风而应矣。至若水底凿舟，敌中巧探，一长一艺之夫，亦兼收并蓄，则我兵不患其不强，敌兵不患其不破也。

二十曰役浦军

浦口居神京之北，此地设领敕守御官一员，并五卫官若干员，军卒若干名，马若干匹，三仓供之，岁用俸若干石，粮若干石，草若干束，一岁通计，费银数千两。盖祖宗深意，谓此地居大江之北，留此兵以当北冲，且以备缓急也。夫此地滨临大江，有江河溪涧桥梁之阻，骑盗绝不敢窥，独当长江要害，险狭可战可阻，形势之盛，无过于此。若此地添设战船二十只，使多军更班防御。马为祖宗之制，不可全废，百年无用，徒费刍豆，为今之计，裁去一半，以苏民困。一班控马，操于江干，一班驾舟，操于水次，仍令守御官统之，定其界限，北以唐家渡为界。南以江宁镇为界，水盗出没，令彼统兵截杀，长江有此，不惟可以益苍生，真可以卫根本。近者掌科林先生盖尝言之，旨下计议，而守御者不欲任责，其议遂寝。若然是尸位而浮食矣。岂有百姓率妻孥终岁勤动，血粒汗禾，以供冗食员役哉？此天下不通之论也。近日保定巡抚衙门遣兵至江浦捕李邦珍，居民疑其为盗，惊惶无措，浦口去江浦仅咫尺，而守御者不发一卒御之，抚操衙门竟令本职提兵而入，民始获慰。又本职三年以来，获过水陆强窃、盗贼、拐带四百余名，其在浦口者近百，是浦口为盗贼渊薮也。夫守御之官，既不与水战，又不事旱防，率众群食，于心宁无愧哉！乞本院题照新江口事例，将此镇官卒收入本院，增船截战，为益甚多，则根本有赖，而行旅获安矣。此地方今日之要务也。

六合县志卷之七终

---

① 有奇术，怀才抱艺：董邦政撰《长春园集》上册无此七字。

六合县志卷之八

艺文志

诗 类

自风、雅、颂作，而世之文章有咏歌之体，是之谓诗。先儒谓："《诗》者，人心之感物而形于言之余也。"吾六之文人墨客，代有作者，势不能尽录，其形之题咏，有关于风化形胜者，则采之以传。然旧典散逸，亦存十一于千百耳，后之君子有所于得，尚补其阙略焉。

唐

送赵明府赴长芦　李太白

维舟至长芦，目送烟云高。摇扇对酒楼，把袂持蟹螯[①]。

瓜步山　独孤及

芜城西眺极苍流，漠漠春烟暗树楼。瓜步寒潮催建业，蒜山晴日照扬州。

芳草涧　韦应物

青青满地铺颜色，曲曲一湾流水声。总为游人逞风景，乱云初卷碧天空。《嘉定志》

---

① 本诗《李太白集》卷十三题作《送当涂赵少府赴长芦》。此处仅节录四、五两联，全诗为："我来扬都市，送客回轻舠。因夸楚太子，便睹广陵涛。仙尉赵家玉，英风凌四豪。维舟至长芦，目送烟云高。摇扇对酒楼，持袂把蟹螯。前途倘相思，登岳一长谣。"

芳草涧 郏 滂

芳草涧边灌水阴，青青别有岁寒心。却缘飘落秋风后，才子临流亦费吟。《嘉定志》。自此以下二十首皆郏滂《怀古》诗。

塔 山二首

此山元以形如塔，贞观年中改叠层。圭字峰尖真似画，塔名不语为高僧。《嘉定志》

叠叠山形似塔形，崔嵬耸翠几稜层。乘驺玩罢归禅院，佳境原来尽属僧。《成化志》

独 山

独山有峰插天表，湖水临溪接官道。我欲浩歌一登游，不忍足踏青青草。《嘉定志》

广泽之中是独山，恍疑翠带绕层峦。登临绝顶遥相望，惟见烟云万木攒。《成化志》

惜水湾

惜水纡回惧水奔，春潮带雨晚流浑。灵岩滁口常萦绕，沙际矶头只见痕。见《成化志》，参之《嘉定志》，有数字不同，正之，后多仿此。

龙 池

波光杳霭远连天，鹭宿沙头玉一拳。料想中流深莫测，龙潜潭底抱珠眠。

池深常有神龙隐，湾岛如人出臂拳。澄澈无涯深浅水，虔恭祈祷雨连绵。《嘉定志》

晋王城

隋收建业临江渚，东望金陵筑此城。正与石头为对岸，从兹一统六朝

平。《嘉定志》

符融城

秦人百万征南日，墓地符融筑此城。把隘亡兵今有几，莲峰之下误争名。《嘉定志》

龙津桥

桥弯螮蝀临滁水，十八拱高似月轮。不是巢兵烧毁后，至今犹复跨龙津。

永定岗

梁朝瞻见长冈秀，凿断川流寺寿基。杳杳松门千万绿，山亭溪树茾萝垂。《嘉定志》

冶浦桥

冶浦桥连香积寺，东出城门五里遥。远望真如有图画，关防迢递在云霄。《嘉定志》

滁　河

滁水源从德固塘，支流六九合流棠。经过瓜步趋江海，惟有人心难测量。《嘉定志》

废清风亭《嘉定志》，唐时县治有清风亭，县令独孤及建，至郑滂时已废

旧县元基城巽隅，亭帘高槛蘸清滁。风生六月思裘褐，百里恩波剩割余。

废士林馆《嘉定志》，士林馆在竹镇，其地习儒业，多仕宦，郏滂时馆已废

士林馆侧尽儒流，朝士庄田隔近陬。见说人稀难驻泊，于今荆棘走獐麀。

废如归馆《嘉定志》，如归馆在东门街北，若馆驿然，郏滂时已废

旅况凄凄南北涯，每投新馆便如归。当年胜事今何在，却使杨朱泪满衣。

城隍庙

黥布城隍有感灵，只缘刘项霸江津。古来庙貌依然在，福荫江壖万万春。《嘉定志》

儒学旧基《嘉定志》，儒学在河南牛市街，郏滂时学已迁其地，有杜荀鹤所植偃松二

牛市街中儒祖庙，衣冠俎豆五经书。不知殿宇今存否？双桧苍虬耸碧虚。

偃　松《嘉定志》，偃松在牛市街文宣王庙前，偃蹇若盖，清阴数亩，传云杜荀鹤所植。又云松下有瓦棺

千年松树枝芳偃，屈曲如人掉臂形。见说瓦棺藏桧下，杜生题后定时名。按：以上二十首，皆郏滂诗五十首，今《成化志》所载仅数首耳，余皆《嘉定志》中得之，然尚未及其半云。

宋

冶浦桥　祖　永僧人

才入维扬郡，乡关此地遥。林藏初霁雨，风送欲归潮。江火明沙岸，云帆碍浦桥。客衣今日薄，寒气近来饶。

白龙池　沈大椿郡丞

凿破胚腪血，龙藏气象灵。天心欲云雨，水面起雷霆。有目分清鉴，无山影画屏。利生终不渴，泉眼接沧溟。《维扬志》

长芦寺　刘　攽

越舶吴商倚万桡，绀圆金刹起中霄。鱼龙听法因多雨，江海归心每上潮。林黑夜深灯影白，川平天阔梵音遥。心知水陆俱调服，借取灵犀不用烧。《成化志》

蜀　冈　王安石

城郭千家一弹丸，蜀冈拥肿作蛇蟠。眼前不道无苍翠，偷得钟山隔水看。《维扬志》

舟过长芦寺　王安石

水落草摇洲渚昏，泊船深闭雨中门。回灯只欲寻归梦，儿女纷纷解笑言。《成化志》

蜀　冈　秦少游

蜀冈精气蓄多年，故有清泉发石田。乍饮肺肝俱澡雪，久窥杖履一清便。炊成香稻流珠滑，煮出新茶泼乳鲜。坐使二分乡思动，放杯西望欲挥鞭。[①]

---

① 本诗秦观（即秦少游）《淮海集》原题作《次韵子由题蜀井》，其中用字略有不同。

早渡长芦江 梅尧臣[①]

带月出寒浦，残星渡水濆。帆开风色正，舟急浪花分。雾气横江白，鸡声隔岸闻。天晴建业近，钟岫起孤云。《成化志》

游永定寺 丰 稷

青杨野寺外，绿酒小亭中。初月天开白，浮云日借红。《成化志》《一统志》

阻风入长芦 黄庭[②]坚

福公开白屋，不借邻国权。法筵森龙象，天乐下管弦。我来雨花地，依原薰炉烟。金碧动江水，钟声到客船。茗枕洗昏著，经行数阻年。岁寒风落山，故乡善言旋。林回负赤子，白璧乃可捐。待亲如履冰，风雨淼晴川。《成化志》

见长芦夫禅师三首[③] 苏 轼

亦知壶子不死，敢问老聃所游。瑟瑟寒松露骨，耽耽老虎垂头。

莫言西蜀万里，且到南华一游。扶病江边送客，杖拏浦口回头。

老去此生一诀，兴来明日重游。卧闻三老白事，半夜雨风打头。《成化志》

雪中失白马 仇 博

丝缰误解玉龙飞，满地琼瑶衬粉蹄。愁杀塞翁寻不见，月明风静只闻嘶。《成化志》

---

① 本诗底本署"失名氏"，径改。《万历六合县志》本诗署作者为梅尧臣，注引自《成化志》。今人朱东润编年校注《梅尧臣集编年校注》卷四(上海古籍出版社，1980 年 11 月)，有本诗，故本诗作者当为宋代诗人梅尧臣。

② 庭：底本作"廷"，径改。

③ 本诗亦见于《苏轼全集》卷三十七、《全宋诗》卷八二〇，均题为"仆所至未尝出游，过长芦，闻夫(一作'复')禅师病甚，不可不一问，既见则有间矣。明日阻风，复留见之，作三绝句，呈闻复并请转呈参廖子，各赋数首。"《顺治六合县志》《乾隆六合县志》均用此长题。

元

长芦渡江往金陵[1] 古田张以宁侍讲学士

达磨来东土，兹峰天下闻。楼明滁[2]水月，钟度蒋山云。梵呗江龙出，僧斋野鸽分。一帆风力便，吾欲谒神君。《翠屏集》

过六合即景 揭曼硕[张以宁][3]

春日三竿上翠屏，晓风五两下芦汀。水兼天去无边白，山过江来不断青。沙嘴潮回平雁迹，海门雨过[4]带龙腥。升平不复庭花[5]曲，睡起渔歌烂漫听。按：此诗亦见《翠屏集》，翠屏即张以宁号也。据《成化志》作揭曼硕，恐误。今仍存名氏并注所疑，以俟知者。

宿淮南长芦寺 萨天锡

杨花幂幂春归寺，芦叶青青晚渡江。屋外松声撼风雨，道人一夜不开窗。《成化志》

国朝

供祀次瓜埠 周启

迢迢瓜埠隔沧波，汉武南巡昔此过。潜霍风云思玉辇，茂陵烟雨泣铜驼。文明启运皇图远，礼典推恩世戚多。秩望有期淮甸阔，万方思听沛中歌。《成化志》

---

① 本诗张以宁《翠屏集》卷二题作《长芦寺》。

② 滁：《翠屏集》卷二作“涂”，通假义同。

③ 本诗不见于今人李梦生标校的《揭傒斯全集》中。张以宁《翠屏集》卷二有本诗，题作《长芦渡江往金陵》。

④ 过：《翠屏集》卷二作“至”。

⑤ 庭花：《翠屏集》卷二作“后庭”。

宿长芦寺 锦官张贵户部员外郎

春夜宿山寺，松涛满耳声。围棋烧烛短，对月把杯倾。老柏亭亭古，银河耿耿明。终宵浑不寐，遥忆锦官城。《成化志》

和前韵 吴兴谈俊监察御史

春日住山寺，山禽弄巧声。晓窗睡欲起，客耳听来倾。宦途延岁月，柳眼望清明。故国思亲梦，还飞到凤城。《成化志》

又 和 江浦庄昶行人司副

穷幽吾性僻，驱马及钟声。烟月何年在，功名此处轻。远空群岫立，斜日大江明。若但吾徒事，须甘老化城。《成化志》

六峰八景 钱塘许安儒学教谕

千里滁流势若奔，经过要路到龙津。绿杨水接须停骑，红叶风飘暂作裀。烟里钓鱼依岸艇，楼头吹笛隔江人。黄金剩为舆梁费，一任轮蹄来往频。右龙津待渡

种瓜仙去尚留名，逸兴因高对景生。自是波涛掩海色，不凭风月动江声。古今形势千年壮，朝夕英雄万载鸣。若欲济川思利涉，芙蓉花外一舟横。右瓜埠观潮

朝如翡翠暮琼瑶，积素凝华冻不消。黯淡云烟迷岭岫，依稀溪径绝渔樵。游僧问寺扶青杖，归鹤寻巢唳碧霄。我忽闻钟聊驻马，半山风度梵音遥。右灵岩积雪

托石为根踪迹深，六峰似侣总无心。苍苔满地曾移影，红日当空未弄阴。籍草萋萋遮欲遍，山花粲粲许谁寻。从龙要答苍生望，定作祁祁岁旱霖。右定山出云

高楼跨水接楼台，更有轩窗向水开。落日满林樯影外，晚潮入浦橹声回。红尘路口担柴卖，绿柳堤边沽酒来。海上为谁添片玉，新诗吟就卷帘

裁。右冶浦归帆

观鱼纵骑出南门，鼓枻渔歌到处闻。莫咏三星宵在罶，正看千艘昼成群。鳞潜嫩藻翻晴浪，尾卷飞花动锦纹。慎勿深潭弄舟楫，卧龙几度欲登云。右龙池举网

百里芳塘浸碧空，绕塘青草趁春浓。风恬波细琉璃滑，水暖鱼多翡翠慵。芳树着花红艳艳，垂杨拂水绿溶溶。欲摇画舫中流醉，又恐云雷即卧龙。右草塘春色

渡水来寻最好峰，钟声隐隐出禅宫。昔年人送传南钵，今日鲸鸣入夜风。隔岸望时云缥缈，近山听处月朦胧。停骖暂借莲台宿，又见高僧在定中。右长芦晚钟

又六峰八景　天台张畴儒学教谕

长衢四达经龙津，憧憧待渡无晨昏。病涉何人施利泽，浮梁巧驾通车轮。滁河阅世知多少，沧海桑田信虚道。渡废梁成是何年，蚁移过客无时了。尝闻桥毁惊神鱼，乘时变化归天池。右龙津待渡

大江瀰漫渺千里，潮落潮生亘今古。风涛汹涌怯英雄，派合川湘有源委。矶头坐睹汐信平，波澄冷浸天青青。种瓜仙子得妙观，尚遗此埠为佳名。望迷林暝未归去，一点孤灯隔江寺。右瓜埠观潮

灵岩之山高百尺，雪积嶙峋如削玉。千花乱落妙化工，万径平铺绝形迹。阴壑暟暟夜生辉，禅关恍托蓬莱居。二仪清浊忽颠倒，归鹳失巢栖复飞。只恐云收驾曦御，山色苍苍复如故。右灵岩积雪

定山嵯峨列群峰，四时云出根其中。触石变化靡定迹，肤寸倏忽瀰长空。云收山色浓欲泻，遥指芙蓉青朵朵。山因出云名益彰，云不屯膏功乃溥。从知舒卷固有时，沛泽行见从龙飞。右定山出云

冶浦水合滁河流，蒹葭莽苍迷重洲。返照红分野色暝，归帆片片疾未收。汐信初平月在水，帆影恍戛琼空里。舆梁横处乱风樯，欸乃渔歌频过耳。徘徊景色四茫然，霜鸿杳杳鸣江天。右冶浦归帆

城南有池龙所都，渊深显异良莫窥。中有二岛敻幽绝，泛舟忽讶游蓬

壶。鱼翻春波锦纹见，水息渊澄净如练。举网渔人扣舷歌，歌声恐惊风涛变。伊何托梦灵岩僧，徙居有祠今可征。右龙池举网

风暄草茁柳丝短，嫩绿娇黄色初染。一泓映出青琉璃，朝阳倒射光闪闪。春深红紫竞芬芳，呈艳争研媚韶光。临池玩坐草茵软，落花水面成文章。欲挽东君莫归去，争奈风飘乱飞絮。右草塘春色

折芦渡江遈神踪，卓锡肇自梁普通。传灯警戒木鱼响，一百又八声舂容。四郊薄暮群动息，常扣鸿音振虚寂。恍若鲸鸣九霄上，达磨遗物良足惜。客舟几多泊江边，梦觉一声霜满天。右长芦晚钟

又六峰八景　海岱董邦政知县

滁水接庐梁，龙津一派长。波摇吴縠细，云影海天光。沙鸟下芜碛，扁舟横夕阳。归人正愁绝，何处起鸣榔？右龙津待渡

曙色浮瓜埠，江头潮正来。银山回地轴，雪浪拥春雷。白石跳珠上，孤帆带雨开。凭栏望天际，应愧巨川才。右瓜埠观潮

积雪俯岩峣，经旬冻未消。平铺明月砌，高垒白云巢。樵径已埋没，僧房迥寂寥。劲寒犹彻骨，僵折老梅条。右灵岩积雪

叆叆来何处，悠悠起定山。随风飘海上，伴月到人间。沛泽龙归湿，留松鹤共闲。苍生正悬切，怅望不能攀。右定山出云

虹桥跨冶浦，潮起涨平川。鸥泛轻波上，帆归远照边。缘堤烟树接，夹岸水楼悬。笑杀天随子，浮家又几年。右冶浦归帆

二月春初暖，龙池看打鱼。小舠才举棹，一网已盈车。水漫蒹葭短，风暄杨柳舒。鲙烹足幽赏，吏隐赖公余。右龙池举网

江郊春转绿，池面水初平。芳草迷行屐，深林啼晓莺。高帘沽酒市，斜日卖花声。归去游骢软，熙然见物情。右草塘春色

棠邑长芦寺，钟声入夜闻。远醒孤枕梦，高咽隔江云。雍郁去还住，铿鞫合又分。尘埃多肮脏，赖此启朝昏。右长芦晚钟

又六峰八景　庠生孙忱

济川功在翊王明，善政宁缘小惠生。移棹漫传先代迹，艤舟重见后人

情。通廛不着垂杨影，竟日争喧接踵声。风景何殊非待渡，龙津千古有遗盟。右龙津待渡

一上瓜山望眼明，几人曾此看潮生。盛衰应月元无约，朝夕如期似有情。远出海门犹鼎沸，怒凭风力更雷声。欲将造化真消息，说向阳侯作主盟。右瓜埠观潮

雪积层岩照眼明，凝寒巧避太阳生。山如净洗氛埃意，天为弥留洁素情。日射光浮珠玉采，春融响泻佩环声。要知作瑞逢三白，先后相因剩有盟。右灵岩积雪

块然糟粕亦神明，几见云根岫底生。蔽日弥天殊有障，白衣苍狗总无情。幻凭灵异从龙化，融泻薰蒸入雨声。莫漫停痴要舒卷，清时谁与定幽盟。右定山出云

冶浦桥边夕照明，江航入境趁潮生。片帆已脱风波险，千里谁无儿女情。渔火渐明分暝色，棹歌不断到钟声。四方弧矢惭余陋，铅椠年来未解盟。右冶浦归帆

池经龙卧太清明，渊邃多鱼种种生。未论燃犀观异态，时凭举网得深情。缤纷棹影惊鸿丽，欸乃渔歌杂鸟声。近有贤侯严撙节，岁输灵贶若通盟。右龙池举网

方塘千亩镜空明，春色年年逐草生。入梦未烦灵运句，放舟堪适老逋情。水云深处鸥成队，花柳盈川鸟弄声。灌溉久参时雨惠，风光宁独助诗盟。右草塘春色

梵钟随处警昏明，晚景长芦自野生。寺掩夕霏归法器，僧催暝色入吟情。牧蓑岂解分宵节，客枕愁闻向晦声。独有书生勤夜读，不妨到耳结芳盟。右长芦晚钟

游灵岩寺　河东薛瑄礼部侍郎，谥文清

灵岩有路入烟霞，台殿高低释子家。风满回廊飘坠叶，水流绝涧泛秋花。青松阅世风霜古，翠石题名岁月赊。谁谓无生真可学，山中亦自有年华。

宿灵岩寺 薛 瑄

梵宇深沉夜景迟，僧房禅榻果幽期。竹鸣虚牖风过处，霜落寒岩月上时。纸帐烛光团白玉，石炉香焰蔼青丝。红尘马首明朝别，只恐山灵解勒移。

秋日灵岩道中 薛 瑄

路入山门景便幽，高风不断石林秋。照人霜叶红于染，拂袖岚光翠欲流。几过野桥横绝涧，遥从古刹见高楼。北峰直与天相接，更拟攀萝到上头。右三诗俱《河汾诗集》

灵 岩[①] 庄 昶

百年未了青藜杖，又向灵岩坐晚晴。我与白云同自在，月交秋夜极分明。青天熟目[②]真能大，白鸟浮空[③]本自清。俯仰峥嵘男子事，肯将容易负平生。《定山集》

早行茶亭道中 邑人黄宏南京户部员外郎

驿路迢迢行复行，俯询民隐责非轻。扬尘逐马秋风急，薄冷侵人旦气清。雁字横斜书远汉，砧声断续捣新晴。喜看故国依稀到，且遂归宁一段情。

同叶黄门游灵岩次韵二首 黄 宏

风云何处可依乘，欲学逃禅尚未曾。览胜来迟因约伴，得闲坐久为逢僧。遍寻古迹从头看，又向灵岩绝顶登。喜有年家豪迈客，敢辞杯酌不能胜。

---

① 本诗庄昶《定山集》题作“游灵岩山”。

② 熟目：《定山集》作“旷野”。

③ 浮空：《定山集》作“沧江”。

肩舆并出远村乘，记得登游昔日曾。天际轻阴如护客，山中好景却输僧。遥岑不碍吟眸豁，绝壁都凭健步登。北望君门烟树外，江湖廊庙思何胜？

冬至玄真观习仪二首 邑人王弘广东兵备副使，致仕

梦里鸡声唤醒难，羊裘不著五更寒。残星半落天将曙，宿雨初收路未干。道院偶逢仙客拜，绨袍犹恋故人欢。拟知明日逢长至，万里春风马上看。

衣裳颠倒步趋难，旧日翻思胆尚寒。瘴海几番头半白，封章连上墨初干。苍天道长三阳泰，圣主恩深万国欢。惭愧小臣官退早，止存风力外台看。

春日江上 邑人季维致仕教谕

轻舟出瓜步，浩渺春江阔。鹭起若导予，前飞值花落。桃李谁家墙，鸟啼傍幽郭。钟山紫气高，神京正寥廓。

江头哀黄少参 季维

人生谁无哀，所哀在知己。我哀黄少参，一朝徇义死。窥国者何人？贪天紊纲纪。衣冠诸俊良，囚戮肆凶宄。安有忠贞心，肯试狂悖饵？或以舌击贼，不辞碎支体。或以头触柱，罔顾流脑髓。桓桓三四公，弃生如弃屣。精气化列星，丹心照青史。在汉为龚胜，在晋为周颉。平生学何事，文章今见矣。逆虏旋就擒，枭磔等羊豕。惟君享不穷，庙食垂万祀。巍巍我圣皇，褒功及遐迩。容台千丈光，常烛覆载里。老亲勿痛悼，忠孝本一理。有儿能大伦，含笑入松梓。天眼自古明，不为国士眯。前徽未云沬，书香更孙子。九原如可呼，吾当叫君起。短步招君魂，归来渡江水。沧波浩且深，濯骨誓无滓。茫茫霄壤间，生死是者几？君既免愧怍，有喙孰敢訾？凭棺一沾襟，激烈故难已。

过梁塘铺吊黄少参　澶渊王溱巡按直隶监察御史

地下黄参议，声名满世间。孤忠谁后许，一死自希颜。白月怜江水，高风仰定山。佳城泣秋雨，宿草亦斑斑。

春日郊游　邑人李杰按察佥事

人间佳节雨初晴，尊酒相携傍郭行。细草茸茸随处绿，东风嫋嫋送寒轻。哦诗转动寻芳兴，角射时闻中的声。两辈弟兄天性乐，何须怀玉价连城。

春来连雨夜来晴，士女纷纷陌上行。柳暗长堤啼鸟乐，风微曲径落花轻。传杯到处春游饮，拜冢谁家野哭声。莫道诗人无好句，偏师曾解破棠城。

陪林约斋送客宿尊圣寺　长兴徐丙儒学教谕

偶陪玉节城西游，蘋花蓼花明汀洲。行杯到手古调发，故人上马阳关愁。援琴三弄风雨夜，野鹤一声天地秋。粗豪攲枕不成寐，老剑耿耿横床头。

九日灵岩望留都次约斋韵，时嘉靖纪元之前岁也　徐　丙

人豪谈笑殿邦畿，幸我斯文亦有依。同上灵岩览秋色，望中王气霭晴晖。江流百折朝沧海，山势千重拥太微。惆怅去年戎马暗，康平今日庆龙飞。

茅茨川生祠次韵　徐　丙

夙夜共凋邑，清勤不近名。兴除根政要，好恶体公情。万姓心香切，千年庙貌荣。彼哉称父母，鱼肉待苍生。

谒茅公祠　会稽谢纮[1]

茂宰弹琴日，经过岁月深。勋名循吏传，俎豆野人心。寂寞空遗像，绸缪尚好音。临风重怀往，泪湿故山岑。

游蛾眉山　真州王大用刑部侍郎

闻说蛾眉胜，夤缘广福来。法花应自转，佛日为谁开。瑶草萋以绿，珍禽语何谐。悠然有真意，题石扫莓苔。

春日游三光寺　王大用

野寺三光古，春风二月深。石泉云窦落，涧草日华沉。粝饭分僧供，鸣鸠乱客心。他年如结社，此地即东林。

陪檗谷王老先生游蛾眉　邑人张昂致仕训导

公有人间别洞天，偶来山寺结因缘。眼空尘世三千界，身傲蓬莱五百仙。傍柳随花云淡淡，吟风弄月夜娟娟。谢公无限登临兴，只恐苍生望解悬。

游三光寺次韵　张　昂

携尊访古寺，步步入山深。日耀丹岩净，云含碧水沉。鸟巢霄汉木，僧衲岁寒心。尽日无车马，烟霞自满林。

夜宿瓜步山闻风雨有感　张　昂

夜宿瓜步山，风雨陡然至。飞石撼庭柯，岩壑传声厉。衾寒杀气重，不觉心中悸。因忆魏武间，此是行宫地。山前列千官，辕门拥万骑。升高望金陵，山川亦辟易。春燕巢林木，婴儿贯槊戏。今夕是何夕，寰宇无一事。

---

① 谢纮：底本作“谢纮”，前文卷三“祠祀”茅公祠下作“谢纮”。据《雍正浙江通志》卷一三二记载，当为“谢纮”，据改。

仰荷太平年，短诗聊述记。

晓过茶亭寺望金陵　邑人孙简太学生

好风拂面出南垌，刚为寻幽到野亭。飞鹭一行林外白，远峰数点马头青。凤台树色凝秋望，钟阜岚光挹晓晴。翘首帝城看不厌，江湖廊庙动深情。

过尊圣寺　孙　简

林间好鸟弄清音，野路迢遥望转深。寻寺偶乘今日兴，逢僧重话昔年心。稻梁[①]百亩占秋熟，荷芰连池阁午阴。绿树依依归路晚，残蝉斜日动孤吟。

两峰黎侯作奎璧楼成九日同登　古闽王镇儒学教谕

奎璧楼成势插天，江山遥抱五云连。风传金粟仙宫透，日弄琼华圣庙鲜。酌酒论文河洛见，倚阑弹剑斗星悬。莫将落帽夸登眺，能记巴陵范老篇。

登灵岩过黄忠节公墓　上虞张健儒学教谕

从容就义当年事，久远弥光此日丘。宠渥九天来雨露，孝思千载怆松楸。乾坤正气追前烈，简册芳名第一流。若有偷生人过此，仰瞻能不面颜羞。

骂贼当年颜氏舌，盖棺今日九原丘。日星光照一抔土，霜露悲生几树楸。击节英声神自爽，酸心往事涕还流。几番仰止山前路，欲洁溪毛一荐羞。

晚过长芦寺闻钟声用定山韵　莆田郭襄儒学教谕

空山未终夕，忽地听钟声。野馆人初宿，疏林鸟欲惊。洞云和树暗，渔

---

① 梁：疑为“粱”。

火向江明。马上敲新句,银钩已挂城。

登奎璧楼　山阴徐梦熊儒学训导

何处江山得饱看,危楼时陟一乘闲。望凝奎璧联辉际,步入乾坤两在间。俯瞰滁流拖匹练,遥瞻钟阜整层鬟。诸生托此藏修地,志学还期尹与颜。

登奎璧楼　沅江何桂儒学训导

联辉奎璧北山楼,南望棠城接帝州。天地文章都具眼,古今人物几同游。身惊鹤驾数千里,景快瀛登第一洲。更有岳阳忧乐念,英才期得仲宣俦。

过梁塘铺　何　桂

谁构邮亭新气概,政成余裕北山公。江流净练帆归浦,岫出祥云鸟戾空。驻节六峰惊壮节,观风一路见清风。桑麻影里弦歌沸,浑在乾坤图画中。

草　塘　邑人郑洛致仕训导

塘以草得名,草向先春绿。茸茸四畔同,汪汪千顷足。农夫未须忧,岁事想如欲。一鉴果谁开,广疏赖良牧。

龙　池　郑　洛

一池水渊澄,传是蛟龙窟。蛟龙日飞腾,鳣鲔时长育。网罟纷沓来,老少后先逐。渔歌亦可听,闲观弄回洑。

瓜埠阻雪柬董大尹　缙云卢勋大理卿,号后屏

顷刻云栟万里天,缤纷白雪洒江边。扁舟瓜浦系行客,对酌钟山望列仙。何处地炉时有火,几家茅屋午无烟。东皇不是输滕六,欲教今秋万宝全。

黄绍文曰：志者，记也。信以传信，疑以传疑，作志者之准也。是籍也，文虽不工，而准则无悖焉。

六合县志卷之八终

六合县新志后序

六合县旧有志，岁久寖湮毁舛略，政始至邑，即欲厘正，顾吏事倥偬，未暇修举。癸丑春，乡博黄君绍文，庠士孙忱、谢锐、孙可久、徐楠，躬相雠校，立例定则，远稽近述，越三月而志成。自春秋以历汉唐宋，至我国家，天文、星野、地理、疆域，世代沿革，风俗、学校、名宦、人物、土产、贡赋、山川、宫室、形胜，上及贻章，下逮辞翰，兼收并蓄，周悉毕备，六合无遗志矣。

夫国有纪事，从古为然，秦罢侯置守，职方失纪，后世无征，今之志，即古纪事之遗也。矧六合肇邑逖邈，密迩畿甸，首被圣化，涵濡日久，德泽在民物，教育在人材，制度在有司，视他邑不侔，志尤不可阙。兹之[①]举纪载颇详，古今得失，因革劝惩，罔有佚遗，一披阅间概可尽悉。是故观星野、疆域则分守重，观风俗、沿革则趋向严，观人物、名宦则知劝勉，观土产、贡赋则审取予，观山川、形胜则明建置，观贻章、辞翰则天机不违，仕优知学，君子观于斯而知所先后矣。是故为邑者，必自考志始也。

夫志以政立，政以志成，斟酌损益，识轻重而亟反之，于邑乎何有？虽然窃有说焉，夫编氓[②]无知，惟令之趋，令之贤否，俗之美恶系焉。是故上有易事之长，则下有易记[③]之俗，今邑民广土乐居，累世不迁，犹昔有老成耆硕，弘敷岂弟之泽云耳。政无似承乏兹邑，不能因志立政，用敢备志以俟后之君子，俾六民跻诸淳庞，称甲于天下，是则[④]今日之意也，不然则徒作也，几奚取于志哉！

知六合县事海岱董邦政书。

---

① 之：《顺治六合县志》无此字。
② 氓：《顺治六合县志》作“民”。
③ 记：《顺治六合县志》作“成”。
④ 则：《顺治六合县志》无此字。

主要参考文献

[宋]王存撰，王文楚、魏嵩山点校，元丰九域志[M]，北京：中华书局，1984年

[明]闻人诠、陈沂纂修，南畿志[M]，明嘉靖刻本，国家图书馆藏本

[明]董邦政修、黄绍文纂，嘉靖六合县志[M]，嘉靖三十二年刻本，天一阁藏明代方志选刊续编　第7册，上海：上海书店，1990年

[明]董邦政修、黄绍文纂，嘉靖六合县志[M]，嘉靖三十二年刻本，金陵全书甲编方志类县志　第23册，南京：南京出版社，2013年

[明]李箴修、张启宗增修，万历六合县志[M]，万历四十三年刻本，金陵全书甲编方志类县志　第24册，南京：南京出版社，2013年

[清]刘庆运修、孙宗岱纂，顺治六合县志[M]，顺治三年刻本，金陵全书甲编·方志类县志　第25册，南京：南京出版社，2013年

[清]洪炜修、汪铉纂，康熙六合县志[M]，康熙二十三年刻本，金陵全书甲编·方志类县志　第26册，南京：南京出版社，2014年

[清]苏作睿主修、张简等纂，雍正六合县志[M]，雍正十年刻本，金陵全书甲编·方志类县志　第27—28册，南京：南京出版社，2013年

[清]廖抡升修，戴祖启纂，乾隆六合县志[M]，乾隆五十年刻本，金陵全书甲编·方志类县志　第29册，南京：南京出版社，2013年

[清]谢延庚等修，贺廷寿等纂，光绪六合县志[M]，光绪十年刻本，金陵全书甲编·方志类县志　第30—31册，南京：南京出版社，2013年

[清]嵇曾筠、李卫等修，沈翼机等纂，雍正浙江通志[M]，乾隆元年刻本，中国地方志集成·浙江省志辑　第3—8册，南京：凤凰出版社，2010年

[清]阿克当阿修，姚文田、江藩等纂，嘉庆重修扬州府志[M]，嘉庆十五年刻本，中国地方志集成·江苏府县志辑　第41—42册，南京：江苏古籍出版社，1991年

[民国]朱兰修、劳乃宣等纂，民国阳信县志[M]，民国十五年铅印本，国家图书馆藏本

[民国]郑耀烈修，汪升远、王桂馨等纂，民国六合县续志稿[M]，民国九年石印本，金陵全书甲编·方志类县志　第32册，南京：南京出版社，2013年

[民国]张官倬著，棠志拾遗[M]，民国三十五年石印本，中国地方志集成·江苏府县志辑　第6册，南京：江苏古籍出版社，1991年

[南朝宋]鲍照撰，钱仲联校，鲍参军集注[M]，上海：上海古籍出版社，1980年

[唐]李白著，郁贤皓校注，李太白全集校注[M]，南京：凤凰出版社，2016年

[唐]吕温撰，吕衡州集[M]，景印文渊阁四库全书(集部第1077册)，台北：台湾商务印书馆股份有限公司，1986年

[宋]苏轼撰，张志烈等校注，苏轼全集校注[M]，石家庄：河北人民出版社，2010年

[宋]秦观撰，徐培均笺注，淮海集笺注[M]，上海：上海古籍出版社，2000年

[元]揭傒斯著，李梦生标校，揭傒斯全集[M]，上海：上海古籍出版社，1985年

[明]庄昶，定山先生诗文集[M]，清乾隆五年刻本、嘉庆元年递修刻本，沈乃文主编：明别集丛刊第1辑第57册，合肥：黄山书社，2013年

[明]董邦政撰，长春园集[M]，清抄本

[明]王守仁撰，王文成公全书[M]，明隆庆六年谢廷杰刻本，中华再造善本(明清卷)，北京：国家图书馆出版社，2006年

[明]宋濂撰，宋学士文粹[M]，明洪武十年郑济刻本，中华再造善本(明清编)，北京：国家图书馆出版社，2006年

[明]宋濂撰，罗月霞主编，宋濂全集[M]，杭州：浙江古籍出版社，1999年

[明]宋濂撰，黄灵庚辑校，宋濂全集[M]，北京：人民文学出版社，2014年

[明]陈敬宗撰，澹然先生文集[M]，清抄本，沈乃文主编，明别集丛刊第1辑第32册，合肥：黄山书社，2013年

[明]张以宁撰，翠屏诗集[M]，抄本，沈乃文主编，明别集丛刊第1辑第2册，合肥：黄山书社，2013年

朱东润编年校注，梅尧臣集编年校注[M]，上海：上海古籍出版社，1980年

傅璇琮等主编，全宋诗[M]，北京：北京大学出版社，1995年

张英聘，明代南直隶方志研究[M]，北京：社会科学文献出版社，2005年

后　记

六合古称棠邑，建置时间久远，历史文化资源丰富。自宋代县令刘昌诗编纂第一部县志——《六峰志》（又称《嘉定六合县志》）以来，历代均有修志传统。目前六合存世旧志共八部，分别是明嘉靖、万历，清顺治、康熙、雍正、乾隆、光绪及民国各一部，是南京市各区中保存志书数量最多、最完整的。

2022年，在南京市地方志编纂委员会办公室和六合区委、区政府的大力支持下，六合区档案馆成立旧志点校工作领导小组，并启动六合存世最早的县志——《嘉靖六合县志》（以下简称《嘉靖志》）的点校出版工作。六合区档案馆特邀南京市地方志学会、南京市作家协会会员，长期从事六合区域古代史志、古籍文献研究和收集整理工作的刘荣喜先生为点校人，以上海书店版《天一阁藏明代方志选刊续编》及南京出版社版《金陵全书》所收影印明刻《嘉靖六合县志》为底本。在此基础上，刘先生又以严谨的学术态度爬梳史实，为本志撰写前言，解读内容、修纂特点，考订编纂者的生平事迹等，同时对六合旧志编纂的情况进行考证，有助于读者了解六合旧志修撰的盛况。南京市地方志编纂委员会办公室三位评审专家柳云飞副主任、徐智明先生、李琳琳女士应邀，不辞微末地对校样对照底本进行校对和审订，提出宝贵的意见，并对前言中的具体内容进行认真梳理和甄别，进一步提高了点校本的学术价值。在此过程中，凤凰出版社编辑王淳航先生以丰富的古籍整理出版经验全程参与《嘉靖志》点校工作，并做出专业的考订和说明，为点校品质的提升奠定了不可或缺的基础。专此致谢。

古代地方志书不仅记录了悠久的物质文化资源，也沉淀了大量的精神文化内核。旧志整理是保护地方文化典籍的重要举措，也是传承弘扬中华优秀传统文化和地方文化资源的重要途径。以《嘉靖志》为起首的古代六合县志点校工作是六合区地方志工作的一次有益尝试。为确保此项工作的顺利开展，南京市六合区委、区政府在经费方面提供了充分的保障，在此谨表衷心感谢！

鉴于旧志内容繁杂，语多晦涩，以及整理者学识所限，疏漏之处在所难免，诚望读者批评，方家匡正。

南京市六合区档案馆

南京市六合区地方志编纂委员会办公室

《嘉靖六合县志》点校工作领导小组

2022 年 11 月 30 日

《六合旧志丛书》书目

《嘉靖六合县志》

《万历六合县志》

《顺治六合县志》

《康熙六合县志》

《雍正六合县志》

《乾隆六合县志》

《光绪六合县志》

《六合县续志稿》